공감의
심리학

공감의 심리학
말하지 않아도 네 마음을 어떻게 내가 느낄 수 있을까

초판 1쇄 발행일 2006년 1월 20일　초판 3쇄 발행일 2012년 4월 13일

지은이 요아힘 바우어 | 옮긴이 이미옥
펴낸이 박재환 | 편집 유은재 이정아 | 관리 조영란
펴낸곳 에코리브르 | 주소 서울시 마포구 서교동 468-15 3층(121-842) | 전화 702-2530 | 팩스 702-2532
이메일 ecolivres@hanmail.net | 블로그 http://blog.naver.com/ecolivres
출판등록 2001년 5월 7일 제10-2147호
종이 세종페이퍼 | 인쇄·제본 상지사

ISBN 89-90048-61-3 03180

책값은 뒤표지에 있습니다.　잘못된 책은 구입한 곳에서 바꿔드립니다.

공감의
심리학

말하지 않아도 네 마음을 어떻게 내가 느낄 수 있을까

요아힘 바우어 Joachim Bauer 지음 | 이미옥 옮김

에코리브르

차례

01

일상생활에서 볼 수 있는 공명 현상:
어떻게 나는 네가 무엇을 느끼는지 느낄 수 있을까

자신도 모르게 환한 웃음으로 대답하는 이유는 무엇일까? 우리는 그 이유를 미처 생각해보기도 전에 이미 웃음으로 답하는 경우가 많다. 세상에는 어떤 폭력보다 더 빨리 우리를 무방비 상태로 만들어버리는 것들이 있다. 일상생활은 바로 그처럼 곧바로 반응을 보여주는 공명 현상으로 가득하다. 왜 웃음은 전염될까? 왜 다른 사람이 하품을 하면 따라할까? 그리고 정말 특이한 일인데, 어른들이 아이에게 숟가락으로 밥을 떠먹일 때, 자기도 입을 벌리는 이유는 무엇일까? 왜 우리는 자신도 모르게 상대와 비슷한 자세로 앉아서 얘기를 하는 것일까? 인간이라는 종의 특이한 점들은 도대체 어디에서 연유하는 것일까? 이를테면, 다른 사람의 감정이나 신체적인 상태가 우리에게 전달되는 원인은 무엇일까?

다른 사람의 감정이나 몸짓이 직감을 통해 전달되는 공명 현상은 굳이 사생활에서만 중요한 것이 아니다. 그것은 정치와 경제에서도 영향력을 행사할 수 있는 수단으로 작용한다. 그와 같은 현상을 통해 직장의 간부들은 성공도 실패도 할 수 있다. 이렇듯 공명 현상이란 우리의 체험과 공동생활에 있어서 간과할 수 없는 의미를 지님에도, 많은 사람들은 공명 현상을 신뢰하지 않는다. 착각이나 신비주의적인 발상이 아닐까? 혹은 학문적인 현상일까? 하지만 거울신경세포를 발견함으로써 우리는 공명 현상을 신경학적으로 이해할 수 있게 되었다. 이제 그것이 무엇인지 설명하기로 하겠다. 의학에서 반사(거울)와 공명은 중요한 치료 수단이며, 특히 정신과 치료에서는 중요한 기초가 된다. 아니 그 이상으로, 거울신경세포가 없다면 직감도 없고 감정이입도 없다. 사람들끼리 즉각 이해하는 것도 불가능할지 모르며, 신뢰라고 하는 것도 있을 수 없을 것이다. 하지만 왜 그럴까? 어떻게 나는 네가 무엇을 느끼는지 느낄 수 있을까? 이를 알기 위해 무엇이 필요하며, 그 결과를 숙고하는 것이 바로 이 책의 내용이다.

즉각적인 반응을 연구 대상으로

사람들이 지나치면서 우리에게 보내는 웃음에 대해 살펴보자. 이런 웃음을 접하면 우리는 기꺼이 웃음으로 답할 수 있을 뿐 아니라, 특별한 이유는 없지만 그런 웃음을 통해 기분이 갑자기 좋아지기도 하고, 하루종일 잘 지낼 수도 있다. 물론 상대가 보내는 웃음에 항상 반응하지는 못한다. 무엇보다 기분이 엉망일 때 그렇다. 또한 다른 사람의 기분에 즉각적으로 그리고 의도적으로 반응할 수 없는 사람도 많다. 따라서 이들은 상대방의 미소에 웃음으로 대답하지 않을지도 모른다. 이때 마음의 상태가 중요한 변수로 작용한다(3장과 9장 참조). 하지만 여기에서 우리가 관심을 갖는 사람은, 자신이 생각도 하기 전에 상대에게 즉각적으로 반응을 한 경험이 한번이라도 있는 사람이다.

이미 거울뉴런이 발견되기 전부터 사람들은 무의식적으로 모방하고 공감하는 현상들을 학문적으로 연구했다. 가령 스웨덴 웁살라 대학의 울프 딤베리Ulf Dimberg는 피실험자들에게 화면을 통해 사람들의 얼굴을 보여주고 그 반응을 관찰했다. 실험에 참가한 사람들은 가능하면 어떤 표정도 짓지 않고 중립적인 태도를 취해야만 했다. 여러 가지 표정은 예외 없이 0.5초 동안 화면에 나타났다. 그리고 화면에서 한 가지 표정에서 다른 표정으로 넘어갈 때마다 시간적인 간격을 두었다. 피실험자들의 몸에는 가느다란 관들이 연결되어 있었는데, 이 관은 안면근육들이 어떻게 움직이는지를 기록하는 일종의 추적 장치였다. 이 실험에서 관찰하고자 했던 것은 두 개의 근육이 보여주는 반응이었다. 즉 뺨[1]에 있는 근육과 이마[2]의 근육으로, 전자는 호감이나 웃음에 반응하고 후자는 걱정과 분노에 반응한다.

사진들이 차례대로 화면을 지나갔다. 가장 먼저 화면에 나타난 사진은 아무런 표정이 없었으므로 피실험자들은 어렵지 않게 객관적이고 중립적인 태도를 취했다. 그런데 갑자기 웃음 띤 표정이 나타났다. 이 사진 역시 다른 사진들과 마찬가지로 0.5초 동안 화면에 나타났다가 얼마 후 아무런 표정이 없는 사진으로 바뀌었지만, 측정기는 그동안 무슨 일이 일어났는지를 보여주었다. 즉 피실험자들은 자신의 표정을 통제할 수 없어 웃음을 띠고 말았던 것이다. 몇 분 후 실험이 다시 이어졌고 이번에는 화가 나서 잔뜩 찡그린 얼굴이 화면에 나타났다. 그러자 피실험자는 아무 반응도 하지 않으려고 노력했지만, 분노에 반응하는 근육, 즉 눈 위 근육이 한 순간 반응했다.

이 실험을 통해 우리는 스스로를 통제할 틈도 없이 다른 사람들의 감정적인 표현에 즉각적으로 반응한다는 사실을 알 수 있다. 게다가 무엇에 대한 반응인지조차 알아차리기 전에 이미 반응해버리는 경우가 더 많다. 앞에서 얘기한 실험의 경우, 화면에 비치는 표정들은 순식간에 지나가서 피실험자들은 무엇을 보았는지조차 알아차리기 전이었지만 그래도 반응했다.

사람들이 의식적으로 인지할 수 없을 정도로 순식간(0.04초 정도)에 그림을 보여주지만, 그럼에도 불구하고 뇌가 이를 놓치지 않게 하는 방법을 '역하자극subliminal stimulation'이라 한다. 이 방법은 사람들이 알아차리지 못하게 영향을 미치기 때문에 광고에 사용하는 것을 금지하고 있다. 하지만 우리의 본성은 일상생활을 하는 가운데 그와 같은 금지 사항을 지키지 않는다. 따라서 우리도 모르게 어떤 것을 받아들이는 행동은 매우 중요하다. 사람의 정신이자 신경학적 기구인 뇌는 의식을 무시한 채 매일 수많은 지시 사항과 자극을 받아들인다. 이렇게 인지한 내용들은 의식적이든 무의식적이든 축적될 뿐 아니라, 반응을 하도록 만들고, 정신적·육체적인 변화를 일으키는 것은 물론 행동을 준비하게끔 만든다. 이런 현상이 생기는 것은 모두 거울뉴런 때문이다.

기분, 감정과 자세: 감염될 위험이 있습니다!

우리의 표정뿐 아니라 감정도 한 사람에서 다른 사람에게로 전이

될 수 있다. 감정이 전이되는 현상은 우리 모두가 당연하다고 인정할 정도이다. 사람들은 다른 사람의 고통을 지켜보며 자신도 고통스러운 반응을 한다. 그리고 가까운 사람이 손톱을 뽑는 수술에 대해 얘기하면 우리는 자신도 모르게 인상을 잔뜩 찌푸린다. 이런 방식으로 감정이 전이되는 현상은 재미있는 면도 있다. 가령, 권투 경기를 보고 있던 관람객이 갑자기 자리에서 벌떡 일어나 주먹을 휘두르기도 하는데, 이는 자신이 응원하는 선수가 휘둘렀으면 하고 바라는 자세이다.

사람들이 모여 있는 장소라면 예외 없이 볼 수 있는 광경이 있다. 즉 사람들은 자신이 느끼는 기분이나 처해 있는 상황에 감정적으로 몰입하게 되고, 이는 다양한 형태의 제스처로 표현된다. 이때 사람들은 특정한 감정에 속하는 태도를 무의식적으로 모방하거나 재생산한다. 말하자면 특이한 전염병처럼 한 사람은 다른 사람에게 즉석에서 그리고 무의식적으로 동일한 감정적 반응을 보이게 된다는 말이다. 이 같은 감정의 전이를 전문 용어로 '정서적 전염emotional contagion'이라 하는데, 앞으로 이 부분에 관해서 광범위하게 살펴볼 것이다. 이때도 거울뉴런이 중요한 역할을 한다.

공명 현상과 거울 현상은 평범한 행동 속에서도 나타난다. 예를 들어 사람들은 맞은편에 앉아 있는 사람의 무의식적 경향이나 자세, 움직임 등을 모방한다. 마주앉아 대화하는 사람들은 자신도 모르게 조금 전에 상대가 취했던 자세를 취하는데, 특히 서로 사이가 좋을 때 그럴 가능성이 높다. 가장 흔히 관찰할 수 있는 예는, 상대가 무의식적으로 꼬고 있던 다리를 바꾸면 잠시 후 다른 사람도 꼭 같이 하는 경우이다. 두 사람 중 한 사람이 몸을 앞으로 내밀었다가 손으로 머리를 만지고 살짝 몸을 기대면, 잠시 후에 다른 사람이 동일한 행동을 취한다. 또는 한 사람이 갑자기 천장을 바라보면 대부분 다른 사람도 무의식적으로 천장을 쳐다보게 된다.

우리가 일상에서 전혀 알지 못하고 있는 사실이 있다. 다른 사람의 시선이란 우리가 가장 관심을 가지는 부분으로, 깊이 생각할 틈도 주지 않고 우리의 반응을 불러일으킨다는 사실이다. 따라서 접촉하는 사람들은 서로 상당한 관심을 지속적으로 보낸다는 점을 알 수 있다. 이런 현상을 전문 용어로 '공동 주의 집중joint attention' 이라 한다. 여기에서도 거울뉴런이 중요한 역할을 하는데, 왜 그리고 어떻게 그렇게 되는지는 나중에 얘기하도록 하겠다.

자동적으로 작동하는 거울 반응과 모방 반응은 때로 우리를 부담스럽게 하기도 한다. 가령, 다른 사람이 하품하는 모습을 보고는 하품하는 경우이다. 학자들은 이와 같은 진부한 현상도 놓치지 않는다. 제임스 앤더슨James Anderson은 침팬지들 사이에도 하품이 전염된다는 사실을 관찰했다. 다른 한편으로, 우리는 거울 현상을 잘 이용할 수도 있다. 이 책의 서두에서 숟가락으로 아이에게 밥을 떠먹이는 어른은 자기도 입을 벌린다고 말했다. 이때 어른들은 자기가 입을 벌리면 아이도 따라서 입을 벌리리라는 점을 직감으로 알기에 그렇게 하는 것이다.

직감과 예언

우리가 다른 사람들에게서 감지하는 표정, 시선, 몸짓, 태도 등은 광범위한 효과가 있으며, 이는 감정적으로 상대에게 공명 반응을 보이는 것과 마찬가지로 중요하다. 다시 말해, 우리는 그런 것들을 통해 앞으로 어떤 일이 일어날지를 알 수 있다. 주어진 상황에서 앞으로 사태가 어떻게 발전할지에 대한 직감적인 확신이 없다면 공동생활은 상상조차 할 수 없을지 모른다. 일상생활을 하면서 우리는 관찰한 사항들을 근거로 앞으로 일이 어떻게 진행될지 직감적으로 알고는 한다. 미래에 일어날 일을 직감으로 아는 것은, 특히 위험한 상황에서 살아남기 위해 반드시 필요하다.

하지만 다행히도 우리의 삶이 위험하지만은 않다. 위험이 전혀 없는 상태, 말하자면 아주 편안한 상황에서도 우리는 이미 말한 내용으로부터 사건이 어떻게 진전될지를 예감하기도 하는데, 이는 지극히 좋은 일이다. 대부분의 사람들이 잘 아는 예를 하나 들어보자. 사랑하는 두 사람이 얼굴을 마주보며 서 있다고 하자. 그들의 시선은 상대의 입술을 향해 있다. 물론 아무 말도 하지 않지만, 이 시선은 두 사람에게 곧 어떤 일이 일어날지를 미리 말해주고 있다. 상대의 시선을 근거로 상대가 무엇을 원하는지 직감적으로 인지하는 것은 사람들이 처하게 되는 상황에서 아주 중요한 역할을 한다. 어쨌든 입맞춤 장면에서 입맞춤을 받는 사람에게 그것은 기쁨이 될 수도 있고, 혹은 상대가 입맞춤을 하려는 마지막 순간에 시선을 통해 가로막을 수도 있다.

사람들을 관찰하며 앞으로 일이 어떻게 진행될지 직감적으로 생각할 능력이 없다면, 우리는 인간관계에서 두더지의 시력으로 만족해야만 할 것이다. 다른 사람들이 앞으로 어떻게 행동할지 직감으로 느끼지 못한다면, 우리는 보행자구역에서도 다른 사람들과 부딪힐 것이고, 혹은 스키를 타러갔을 때 결국 병원 신세를 져야 한다. 뇌는 이처럼 신속하게 인지하는 시스템을 완벽하게 갖추고 있다. 다른 사람의 움직임을 통해 직감적으로 그를 알아보는 데 필요한 요소는 아주 미미한 특징으로도 충분하다. 많은 실험을 통해 밝혀진 바에 따르면, 완전히 암흑 속에서도 희미한 불빛으로 어깨, 팔꿈치, 손목, 엉덩이, 무릎, 발목 등을 비추면 남자인지 여자인지 알아낼 수 있다고 한다. 그뿐만 아니라, 그와 같은 불빛에서도 대부분의 사람들은 자신의 남편이나 아내, 혹은 친한 사람을 식별할 수 있다. 무엇보다 우리는 소수의 특징만을 보고서도 상대가 움직일 경우 그가 무엇을 할지 또는 할 의도가 있는지를 알 수 있다. 거울뉴런이 없다면 이 역시 불가능한 일이다.

직감적인 이해:
'마음 이론'을 가능하게 해주는 능력

우리는 다른 사람들의 인상을 보고 앞으로 어떻게 행동할지 예감할 수 있다. 그렇지 않다면 부모들은 어떻게 아이가 악의 없는 거짓말을 하는지, 혹은 다른 이유로 불안해 하는지 예감하겠는가? 상대가 말할 수 없는 고민에 빠져 있다는 것을 우리가 어떻게 느낄 수 있겠는가? 일반적으로 표현하면, 우리는 어떻게 다른 사람들에게 무슨 일이 일어났는지를 직감으로 알 수 있을까? 상대가 말하지 않아도, 아니 상대가 하는 말과는 반대로 우리는 그 사람이 의도하거나 원하는 바를 너무나도 잘 알 때가 많다. 이 경우에서 볼 수 있듯이, 우리는 공통된 의미가 존재하는 공간에 살고 있으며, 이 공간에서 다른 사람들의 감정 · 행동 · 의도를 직감적으로 이해할 수 있다. 이 점에 대해 최근에 새로운 사실이 밝혀졌다. 그처럼 의미를 공유하는 공간을 관할하는 신경 하드웨어가 바로 거울뉴런 장치라는 것이다. 이 체계는 놀라울 정도로 사용하기 쉽다. 그것은 즉각 작동할 뿐 아니라 무엇보다도 우리가 분석적인 이성을 사용하든 그렇지 않든 작동한다. 그럼에도 우리는 거울뉴런 장치 외에 의식적인 사고도 보충적으로 사용해야 한다. 물론 분석적인 이성은 직감을 사용해서 뭔가를 정확하게 인지할 때 방해가 될 수 있다. 직감과 지성은, 만일 우리가 두 가지 중 한 가지만 사용할 경우 오류를 범할 가능성이 있다. 하지만 아무리 이성을 총동원하더라도 이것만으로 다른 사람을 이해하기란 불가능하다. 다른 사람들의 감정과 의도를 직감적으로 상상하고 신뢰할 만한 확신을 얻는 능력을 전문가들은 '마음 이론'이라고 한다.

우리는 의미가 서로 통하는 공통된 공간에 살고 있기에 서로를 이해할 수 있고 상대를 사람으로 인식할 수 있다. 그런데 만일 그와 같은 공통된 공간이 없다면, 혹은 더 이상 그런 공간이 없는 곳에 있을 때 그 공간이 얼마나 중요한지 알 수 있다. 예를 들어 어떤 사람이 다른 사람들과 공존하는 의미 공간에서 자신의 고향이 없다는 사실을 느끼게 되면 문제가 발생할 수 있다. 반대로 한 개인이 공통된 의미 공간에 들어오는 것을 공동체가 막아버림으로써 그 개인을 세계로부터 분리시킬 수도 있다. 개인을 사회에서 추방하는 행위는, 가령 원시 민족의 경우 부두Voodoo교가 행한 바 있지만, 현대에도 볼 수 있다. 모빙(mobbing: 왕따, 특히 직장이나 학교에서 한 사람을 의도적으로 왕따시키는 행위—옮긴이) 역시 한 사람을 사회에서 몰아내는 행위다. 쳐다보거나 인사를 해도 무시하거나 받아주지 않고, 어떤 몸짓을 하더라도 다른 사람들은 아무런 반응을 하지 않는 것이다. 이런 식으로 사회에서 배척당한 사람들은 대부분 병에 걸리고 마는데, 이는 다음과 같은 사실을 말해준다. 요컨대, '공통된 의미 공간'이란 사람들이 살아가는 데 필요한 정신적인 조건일 뿐 아니라, 인간의 신체와 건강에까지 영향을 미친다(7장 참조).

공명이란 뭔가 진동하거나 울리는 것을 의미한다. 감정적으로 이해하고 공감을 하는 인간의 능력은 사회적으로 연관된 생각들을 서로 교환할 뿐 아니라, 정보를 받아들이는 자의 뇌 속에서 활성화되고 감지할 수 있는 기반이 갖춰져야만 가능하다. 따라서 상상과 감정을 관장하고 상대와 교환한 생각들에 반응할 수 있어야 공명 장치가 제대로 작동할 수 있다. 바로 이 같은 이유로 공명 장치는 이미 언급한 바 있는 공통의 의미 공간이라는 것을 만들어냈을지도 모른다. 어떻게 만들어지게 되었는지는 거울뉴런의 체계가 신경학적 형태를 지님으로써 가능해졌다. 다시 말해 신경학적 형태가 교환과 공명 과정을 가능하게 해주는 것이다. 거울뉴런이 이 과제를 어떻게 수행하는지에 대해 이야기하는 것이 이 책의 과제다.

02

신경학적 발견:
거울뉴런이 수행하는 능력

생명체는 자신들의 행동을 조정하는 뇌를 가지고 있고, 거울뉴런을 발견한 역사도 바로 뇌의 뉴런에서 출발했다. 거울뉴런은 뇌피질의 특수한 영역에 자리잡고 있으며, 근육운동을 관장하는 신경세포[1]와 인접해 있다. 20쪽과 51쪽에 나오는 그림은 일종의 신경학 지도라고 보면 된다. 행동을 관할하는 신경세포, 즉 행동뉴런은 매우 영리하다. 이 신경세포들은 목표로 하는 행동을 완성할 수 있는 프로그램을 운영하고, 행동 전체에 대한 계획을 알고 있다. 그뿐만 아니라 행동의 과정과 결과, 그리고 행동을 미리 예견

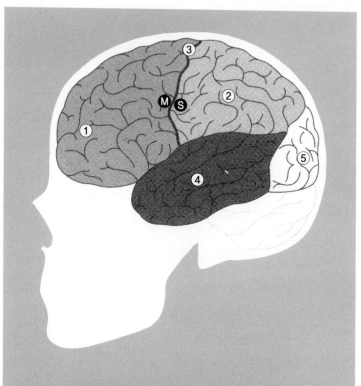

① 전두엽:
운동피질Ⓜ은 중심렬 바로 앞에 있다.
운동피질의 바로 앞에는 전운동피질이 있다.
전전두엽은 결정을 내리고 사회적인 양심을 관장한다.

② 두정엽:
중심렬 뒤편에 위치하고 있으며, 위에서 밑으로 내려오는 띠 모양을 하고 있는 이 부위는 신체의 감각을 담당한다Ⓢ.

③ 중심렬:
이것은 두정엽과 전두엽을 구별해준다.

④ 측두엽

⑤ 후두엽

하는 내용도 저장하고 있다. 바로 곁의 근육운동을 관할하는 뉴런과는 완전히 다른 기능을 담당한다. 즉 운동뉴런이라 일컫는 이 신경세포들은 직접 근육만 관할하므로 지능과는 별로 상관이 없다. 말하자면 운동뉴런은 행동뉴런의 프로그램이 지시하는 내용을 수행할 따름이다.

행동을 지시하는 프로그램이 있는 신경세포들: 뇌피질에 있는 아스테릭스와 오벨릭스

행동을 취할 때 뇌는 아스테릭스와 오벨릭스(프랑스 만화 《아스테릭스》에 나오는 주인공들. 아스테릭스는 자그마한 키에 현명한 노인이고, 오벨릭스는 덩치가 우람하며 힘을 잘 쓴다─옮긴이)와 비슷하다. 즉 행동을 지시하는 뉴런은 전운동피질에 있는 지적인 아스테릭스 신경세포에 해당하는데, 이 뉴런은 계획을 짠다. 그리고 이를 실제 행동으로 옮기는 뉴런은 운동피질에 있는 오벨릭스 신경세포들이다. 행동의 과정을 관찰한 결과, 행동뉴런은 운동뉴런이 실제로 움직이기 전에 생체전기적인 신호를 발사하는 것으로 나타났다. 아스테릭스가 수립한 계획과 오벨릭스가 실행하는 시간은 0.1초에서 0.2초 정도 걸린다.[2]

물론 아스테릭스는 모든 생각을 오벨릭스에게 시키지는 않는다. 이럴 경우 행동뉴런은 생각을 품고 있을 따름이다. 운동뉴런은 행동을 관장하는 신경세포들로부터 아무런 지시를 받지 않을 경우, 혼자서는 어떤 행동도 하지 않는다. 다른 한편, 행동뉴런이 활성화되더라도 운동뉴런이 행동을 실행하지 않을 때도 있다. 이를테면 어떤 것을 단지 상상하거나 어떤 행동에 대해 깊이 생각하는 것으로 그치는 경우이다. 물론 어떤 행동에 대해 자주 상상하면 한 번도 상상하지 않았던 행동이나 생각보다 실현될 가능성이 더 크겠지만 말이다. 이와 관련한 실험과 자유의지에 대한 의문에 관해서는 11장에서 설명하겠다.

거울신경세포의 발견

이탈리아 파르마(Parma) 대학 소속 생리학연구소 소장인 자코모 리촐라티(Giacomo Rizzolatti)는 이탈리아의 아인슈타인이라 불릴 정도로 탁월한 인물일 뿐 아니라, 생리학 분야에서 대단한 것을 발견한 학자이다. 얼마 전 나는 그를 방문하고 상당히 깊은 감명을 받았다. 그는 자신의 연구가 어떤 의미가 있으며 어느 정도로 광범위한 영향을 끼치는지를 분명히 알고 있을 만큼 대단한 지성을 소유한 사람이었다. 그와 그의 팀 연구원들은 오래 전부터 뇌를 연구하고 있다. 즉 뇌가 목표한 행동을 어떻게 계획하고 실행에 옮기는지를 연구하고 있는 것이다. 지적인 임무를 수행하는 행동뉴런, 다시 말해 아스테릭스 뉴런들이 20년 전부터 그의 연구 주제라는 사실도 그리 놀라운 일이 아니었다. 리촐라티는 1980년대에 원숭이를 연구하기 시작했다. 원숭이의 뇌는 인간의 뇌와 비슷하기 때문에, 1990년대에 이르러 그는 이 연구를 인간의 영역으로 확장했다. 두 개의 종을 대상으로 실험한 연구 결과는 비슷했다. 그는 원숭이를 관찰한 뒤, 1996년에 다음과 같은 결과를 얻었다. 리촐라티는 마취 상태에서 원숭이의 수많은 행동뉴런에 아주 정교한 측정기를 연결했다. 원숭이가 마취 상태에서 깨어난 뒤, 신경세포들이 방해를 받지 않자 언제 어떻게 세포들이 신호를 내보내는지를 정확히 알 수 있었다. 이러한 방식으로 각각의 행동뉴런은 특정한 행동을 하게 된다는 것이 드러났다. 그와 같은 신경세포들은 원숭이가 특별한 행동을 실행할 때에만 신호를 보냈다.

이 연구에서 단연코 주목받은 것은 행동을 관할하는 아스테릭스 타입의 신경세포들로, 이 세포는 원숭이가 접시 위에 놓여 있는 땅콩을 손으로 잡으려 할 때만 신호를 보냈다.[3] 즉 이 행동을 하기 위한 계획을 가지고 있었던 것이다. 원숭이가 단지 땅콩을 쳐다보거나 땅콩이 아닌 것을 손으로 잡았을 때는 이 세포로부터 아무런 신호도 나오지 않았다. 이 세포가 암호로 지시한 내용은 땅콩을 바라보는 것이 아니라 행동을 계획하는 것임을 보여주는 실험이 있다. 먼저 원숭이에게 환한 곳에서 땅콩을 보여준 다음 불을 껐다. 그러고 나서 원숭이가 땅콩이 들어 있는 접시로 손을 뻗게 했는데 그때에도 신경세포에서 반응이 나왔던 것이다. 리촐라티는 원숭이에게서 행동에 대한 계획, 요컨대 '접시 위에 있는 땅콩을 잡아라'는 암호와 동일한 행동뉴런을 확인할 수 있었다. 원숭이가 행동을 시작할 때마다, 신경세포에서 보내는 생체전기적인 부호와 함께 행동이 개시되었다. 그뿐만이 아니다. 연구원들은 이보다 더 놀라운 사실을 관찰할 수 있었는데, 누군가 접시 위에 있는 땅콩을 손으로 집으려는 모습을 원숭이가 관찰했을 때에도 이 세포에서 신호가 발사되었던 것이다. 이 장면은 신경생물학계에서는 화젯거리가 되었다.

다시 말해, 신경생물학적 공명 현상이라는 것이 있다는 사실에 사람들은 경악했다.[4] 이는 다른 사람이 어떤 행동을 하면 그 행동을 관찰하는 자에게도 영향을 미친다는 것을 뜻한다. 관찰자는 그 관찰을 통해 자신의 신경생물학적 프로그램을 활성화시키는데, 이는 관찰자가 관찰한 행동을 직접 할 때 작동하는 바로 그 프로그램이었다. 자신의 신체에서도 특정 프로그램을 실행할 수 있지만, 다른 사람이 이 프로그램을 실행하는 것을 관찰하거나 혹은 다른 방식으로 함께 체험할 때 활성화되는 신경세포를 거울뉴런이라 한다.

하지만 거울뉴런은 다른 사람이 어떤 행동을 하는 것을 관찰할 때에만 공명을 불러일으키지는 않는다. 특정한 행동을 할 때 발생하는 소리도 같은 효과를 낼 수 있다. 가령 땅콩 실험에서 땅콩을 종이봉지에 싸두었는데, 이것을 펼칠 때 소리가 났다. 그러자 원숭이의 거울뉴런이 이에 반응을 보였다. 인간의 경우, 어떤 행동이 어떻게 일어났는지 얘기만 들어도 거울뉴런에서 공명 현상이 일어난다. 따라서 관찰자의 거울뉴런은 다른 사람이 어떤 행동을 하는 과정을 관찰하는 것에 한해서만 작동하는 게 아니라는 것을 알 수 있다.

인간에게서도 거울 현상을 입증할 수 있다. 피실험자의 몸속을 뚫고 들어가지 않고서도 뇌의 단면을 볼 수 있는 방법이 있는데, 사진을 통해서 특정한 시점 또는 특정한 상황에서 신경세포망이 활발하게 움직이는 모양을 관찰할 수 있다. 이를 '기능적 핵자기 공명법(f-NMR)'이라 한다.[5] 피실험자는 관으로 연결되어 있으므로 이 관에 작은 화면은 물론 수동으로 작동하는 소형 기구(가령 오락을 할 때 사용하는 조이스틱)를 장치할 수 있다. 그 밖에도 피실험자가 마이크로폰과 이어폰을 통해 외부 세계와 접촉할 수 있으므로 다양한 과정을 실험해볼 수 있다. 공명 촬영기기는 뇌가 활성화될 때 이를 여러 개의 그림으로 보여줄뿐더러 거울 현상도 입증할 수 있다. 다른 사람의 행동을 관찰하는 사람들은 자신의 행동뉴런 연결망을 활성화시키는데, 이때 관찰자의 공명 현상은 정확히 피실험자가 행동할 때 활성화되는 바로 그 세포에서 일어난다.

사람을 대상으로 실험하면 원숭이를 대상으로 할 때보다 몇 가지 폭넓은 관찰을 할 수 있는데, 원숭이는 우리의 지시를 이해하지 못하기 때문이다. 인간의 경우, 행동을 관장하는 신경세포들은 다른 사람이 어떤 행동을 했을 때에만 활성화되는 것은 아니었다. 이 세포들은 피실험자가 특정 행동을 상상했을 때도 활성화되었다. 그리고 그 세포들이 가장 활발하게 작동할 때는, 관찰한 행동을 흉내낼 때였다. 행동을 주관하는 전운동피질의 거울뉴런은 뇌에서 언어를 주관하는 영역에 있다. 그렇다면 언어란 행동 프로그램에 대한 상상과 다르지 않다는 것일까?

거울신경세포:
다른 사람이 하는 행동을 가상으로 실험하는 장치

다른 사람의 행동을 인지해도 관찰자의 거울뉴런이 작동한다. 거울뉴런은 관찰한 행동을, 만일 자신이 수행했을 경우에 사용하는 바로 그 운동 모델을 뇌에서 활성화시키는 것이다. 거울뉴런에서 일어나는 과정은 관찰자의 의지나 사고와는 상관없이 자동적으로 일어난다. 어떤 행동을 인지하면 관찰자의 뇌에는 그 행동을 복사한 부분이 저장되는데, 마치 관찰자가 그 행동을 직접 행하는 것과 같다. 물론 행동을 완성시킬지의 여부는 관찰자에게 달려 있다. 하지만 관찰자는 공명 과정에 들어간 거울뉴런이 저장되어 있는 행동 프로그램을 상상으로 끄집어내는 일을 막을 수 없다. 그가 관찰한 내용은 자신의 신경생물학적 자판기를 통해 실시간으로 저장되니 말이다. 따라서 관찰한 내용들은 일종의 내적 모의실험처럼 떠오르는 것이다. 이는 모의 비행 장치와 비슷하다. 즉 모든 것은 비행할 때와 같으며, 실제로 비행기를 타고 있지 않지만 비행기가 추락할 때 느끼는 현기증마저도 느낄 수 있다.

모의 비행이라는 원리를 이용하면 다른 점들도 쉽게 설명할 수 있다. 거울뉴런이라는 시스템이 작동하는 방식은 다음에 나오는 예에서 구체적으로 알 수 있다. 가령 진짜 조종사가 저공비행을 하며 비행기의 방향을 돌린다고 하자. 조종사가 행하는 모든 비행 조처는 실시간으로 지상에 있는 모의 비행 장치로 전송되고, 이 장치에 관찰자가 앉아 있다. 관찰자는 조종사의 비행을 모의실험 프로그램을 통해 체험하고 있는 것이다. 그렇듯 다른 사람의 행동을 함께 체험하는 관찰자도 모의 비행 장치에 앉아 있는 관찰자와 같은 경험을 하게 된다. 즉 그는 자신이 관찰한 것을 무의식적으로 모의실험 프로그램을 통해 체험하면서, 다른 사람이 하는 일을 그와 동시에 이해하게 된다.[6] 이 과정은 즉각적으로 일어나기 때문에 관찰자는 깊이 생각할 여유가 없다. 여기에서 관찰자가 이해한다는 것은 행동하는 사람의 내적 관점도 포함하고 있으므로 관찰한 행동의 과정을 지적 혹은 수학적으로 분석한 것과는 차원이 다르다. 관찰자의 거울뉴런이 거치는 과정은 다른 사람의 행동을 비춰주는 그림이다. 물론 다른 사람이 지각한 내용만 내적 모의실험에 해당하는 것은 아니지만, 다른 사람의 지각은 아주 중요한 관점을 제공한다.

거울뉴런과 직감

일상생활에서 마찰을 최소화하려면 아주 많은 전제가 필요하다. 매 순간 이런 전제들을 접하지만, 우리는 대부분 지극히 당연한 것으로 간주한다. 하지만 그런 전제 조건들은 결코 당연하지 않다. 여기에서 말하는 것은 우리가 전혀 곰곰이 생각하지 않는 확신으로, 전문가들은 이를 '암시적 가정'이라 한다. 여기서 암시적 가정이란 하나의 확신이라 할 수 있는데, 이러한 확신이 없다면 우리는 지극히 불편하게 살 것이다. 확신이란 우리 주변에 있는 사람들이 다음 순간에 무엇을 할지 예견하는 것이며, 이는 우리가 기대하는 범위 내에서 어떻게 행동할지를 예견하는 것이기도 하다. 확신이란 보행자구역에서 사람들이 어떤 길로 갈 것인지, 혹은 스키장에서 사람들이 어떤 길로 갈 것인지를 미리 아는 것뿐 아니라, 우리가 다른 사람들에게서 기대하는 태도를 의미한다. 특별한 계기가 없다면 우리는 분명 손님을 맞이하거나 파티를 하는 동안 이 상황이 안전한지 의식적으로 곰곰이 생각하지는 않는다. 하지만 무의식은 파티에 참가한 사람들이 조용히 잘 있다가 갈 것이라는 기대를 하고 있음을 암시적으로 알고 있다. 하지만 늘 그렇지는 않다.

우리는 모두 어떤 사람이 당장은 나쁜 짓을 하지 않지만 우리에게 뭔가 무서운 일을 저지를지도 모른다는 불편한 느낌을 가져본 적이 있다. 안전하다는 느낌이 갑자기 사라지면 그제야 우리는 그동안 암시적 확신에 얼마나 종속되어 있었는지를 알게 된다. 거울현상들은 좋은 상황이든 나쁜 상황이든 그것을 미리 예견하게 해준다. 이 현상은 우리가 직감이라고 부르는 감정, 즉 앞으로 무슨 일이 일어날지를 예감하게 해주는 감정을 생산해낸다.[7] 직감은 우연에 의지하지 않는다. 직감이란 이른바 암시적 확신이 완화된 특별한 형태로, 일종의 예감이나 일곱 번째 감각쯤 된다.

두 가지 질문을 던져보겠다. 우선 관찰자에게서 특정한 암시적 확신 혹은 직감이 나타날 경우, 그의 뇌에서는 어떤 신호가 나오는 것일까? 이 신호를 수용해 그 의미를 해석하는 체계는 어떻게 작동할까? 두 번째로 암시적 확신 혹은 직감이 실제로 어떤 일이 일어나는 순간뿐 아니라, 그럴 가능성이 있는 순간에도 작동하는 이유는 무엇일까? 첫 번째 질문은 조금 미루고 두 번째 질문부터 살펴보기로 하자.

우리는 신경생물학적 장치(메커니즘)를 통해 실제 상황을 보는 즉시 앞으로 그 상황이 어떻게 진행될지 예견할 수 있다. 이 장치는 자코모 리촐라티 팀의 젊은 여성 연구원 마리아 알레산드라 우밀타Maria Alessandra Umiltà의 정교한 실험을 통해 세상에 알려지게 되었다. 그녀는 원숭이를 대상으로 행동뉴런이 특정 행동을 위한 프로그램을 저장하는지의 여부를 알아내고자 했다.[8] 실험을 통해 그녀는 원숭이 한 마리에서 행동을 관장하는 신경세포를 발견했다. 앞에서 언급했듯이, 이 원숭이는 접시 위에 담겨 있는 땅콩을 손으로 집으려는 행동을 했고, 바로 그때 세포로부터 신호가 나왔던 것이다. 이 세포가 거울세포임은 다음의 사실을 통해 밝혀졌다. 실험실에 근무하던 연구원이 땅콩을 잡으려 하자, 원숭이의 거울세포가 즉시 활성화되었다. 우밀타는 이와 같은 실험을 조건만 바꿔서 원숭이에게 반복해서 실시했다. 우선 원숭이에게 땅콩을 잠시 보여준 뒤, 원숭이와 땅콩이 들어 있는 접시 사이에 칸막이를 세웠다. 그런 다음 한 사람에게 칸막이 뒤쪽에 있는 땅콩을 집게 했는데, 원숭이는 이 사람의 팔이 칸막이 뒤로 사라지는 모습만 보았지 칸막이 때문에 시야가 가려서 직접 땅콩을 집는 모습은 볼 수 없었다.[9] 하지만 그것만으로도 원숭이의 행동뉴런은 지금 어떤 일이 벌어지고 있는지를 충분히 감지했다. 다시 말해, '땅콩을 잡는다'는 전체 행동에 대한 프로그램을 이미 저장해둔 거울세포들은, 일부 행동에 대한 정보만으로도 신호를 발산했던 것이다.[10] 이 실험은 사람들이 지금까지 설명할 수 없었던 많은 것들—무엇보다 직감과 관련해서—를 설명할 수 있게 해주었다.

아주 짧은 순간에 얻은 인상만으로도 직감은 앞으로 무슨 일이 일어날 것이며, 그 일에 어떻게 대처해야 할지를 우리에게 전달해주기에 충분하다. 한 사람이 행할 일련의 행동 중에서 몇 부분만 관찰하더라도, 관찰자는 이에 적합한 거울뉴런을 작동시키기 때문이다. 이를테면 관찰자는 부분적인 행동으로 행동 전체를 아는 것이다. 우밀타가 원숭이 실험에서 알아낸 결과는 인간에게도 적용된다. 그러니까 운동과 관련한 행동뿐 아니라, 감정이나 느낌에도 적용할 수 있다는 말이다. 비록 우리가 일련의 행동 중에서 일부만 인지했다 하더라도, 뇌에 있는 거울신경세포들은 우리의 의지와는 무관하게 즉각 행동의 전체를 비춰준다. 물론 관찰자의 심리도 포함해서 말이다. 부분적인 행동을 인지하는 것만으로도 이미 행동의 결말이 어떻게 될지 직감적으로 예견할 수 있는 것이다. 따라서 거울뉴런은 공명의 과정을 통해 관찰한 행동을 즉시 우리 자신의 체험으로 이해시켜줄 뿐 아니라, 관찰한 부분을 보완해서 전체 과정으로 보여준다. 행동뉴런이 저장하는 프로그램들은 우리 멋대로 고안해낸 것이 아니라, 지금까지 개인이 얻은 일련의 경험을 바탕으로 만들어진다. 여기에서 말하는 일련의 경험이란 사회 공동체의 경험에 부합하기 때문에, 행동뉴런은 공통된 간주관적 행동 공간과 의미 공간을 형성한다(7장 참조).

직감적인 예감이란 사람들이 그것을 의식하지 않은 상태에서도 생길 수 있다. 가령 왜 그런지는 알 수 없지만 나쁜 느낌이라는 것이 있다. 그런 느낌을 갖는 것은 무의식적으로 어떤 것을 인지하면 그것이 우리의 거울뉴런을 활성화시키기 때문이다. 다른 사람의 감정을 느끼는 능력은 사람들마다 차이가 있다.

다른 사람의 움직임을 직감으로 이해하는 일이 얼마나 중요한지는 팀 경기에서 구체적으로 드러난다. 소수의 스타급 선수만으로 유명한 팀을 이기는 축구팀이 있다. 그것은 모든 선수가 많이 움직이고 패스를 할 때 같은 팀의 선수들이 어디로 갈지를 직감적으로 알기 때문이다. 폴커 핑케(Volker Finke: 한때 축구선수였다가 트레이너로 활약함—옮긴이)와 같은 천재적인 트레이너는 1990년대

초반에 이미 그와 같은 점을 직감적으로 알고 있었다. 앞으로 어느 방향으로 움직일지 서로 알지 못하면 어떤 스타 선수도 팀을 승리로 이끌 수 없다.

또한 이성적으로 설명할 수 없어서 분명 텔레파시가 작용했을 것이라고 하는 많은 사건들도 설명할 수 있다. 감정적인 유대관계가 돈독한 사람들은 서로의 '인생'을 알 수 있다. 그리하여 우리의 뇌는, 만일 사랑하는 사람이 먼 곳에 떨어져 있을 경우 직감을 통해 그들이 무엇을 하고 있는지 알 수 있게 해준다. 따라서 우리가 상상하는 일련의 행동이, 가까운 사람들의 실제 행동이나 느낌과 딱 들어맞는 경우가 생기는 것이다.

직감과 사고력

거울뉴런세포가 우리에게 주는 선물, 즉 직감적인 이해만으로는 실수나 오류를 피할 수 없다. 어떤 장면을 인지하면 신경생물학적 거울 시스템을 통해 프로그램들이 활성화된다. 처음에는 관찰한 사건이 이렇게 진행될 것이라고 보여주다가 나중에 오류로 나타나는 프로그램이다. 이 같은 일이 발생하는 것은 우리가 일상에서 보는 많은 장면들은 다양한 의미를 지니고 있어서 이야기가 다양하게 진행될 수 있기 때문이다. 해석을 하는 데 개인이 이미 겪었던 경험들이 중요한 역할을 한다. 예를 들어, 처음에는 친절해 보이던 사람이 갑자기 기대하지 않았던 불쾌한 면을 보여주는 경험을 자주 한 사람이 있다고 하자. 그러면 이 사람의 거울뉴런이 친절한 사람에게 보이는 반응은 보통 사람들과는 다를 것이다. 또한 좋은 결과를 가져올 상황이지만 결국에는 실망만 안겨주는 경우를 많이 경험한 사람에게는, 이와 같은 경험이 그의 신경생물학적 프로그램에 저장될 것이다.[11]

직감이 오류를 범하는 원인은 여러 가지가 있다. 그중 하나는, 경험만을 바탕으로 해서 직감적으로 단편적인 해석을 내리는 바람에 오류를 범하는 것이다. 유감스럽게도 직감은 의식적인 기만에 속아넘어갈 수 있다. 다시 말해, 직감은 모든 것에 정통하다는 말이 아니다. 직감이 작동하지 않으면, 우리는 사고력을 한껏 이용해야 한다. 이는 다른 사람과 함께 체험한 경험을 반드시 비판적으로 사고해야 한다는 뜻이다. 물론 우리가 지적인 분석으로 다른 사람을 해석할 때도 오류를 범할 수 있다. 인간관계와 관련해서 일어나는 중요한 문제를 이성적으로 평가하면 오류가 생길 여지가 많다는 점은 우리 모두가 알고 있는 사실이다. 게다가 지적 · 분석적 장치는 매우 느리게 작동한다는 단점도 있다. 누군가에 대해서 깊이 생각하려면 직감적으로 평가하는 일보다 훨씬 시간이 많이 걸린다. 즉 거울뉴런들은 즉각적이고 신속하게 일을 처리하기 때문에 거울뉴런이 불러오는 자료는 그 자리에서 이용할 수 있다.

결론적으로 말해서 직감과 이성적 분석은 서로를 대신할 수 없다. 두 가지 모두 중요한 역할을 하기 때문에 동시에 투입해야 한다. 직감과 비판적 사고가 비슷한 결론에 이르고 서로 보충할 수 있다면, 어떤 상황을 정확하게 평가할 가능성은 더욱 커진다. 직감적 판단과 분석적 판단이 인물이나 사건을 어느 정도로 정확하게 판단할 수 있는지는 언어 또는 해명할 수 있는 대화에 달려 있다. 물론 직감은 언어가 없어도 가능하지만, 언어만이 직감으로 인지한 내용을 분명하게 설명해줄 수 있다(4장 참조).

스트레스와 공포심을 느낄 때의 거울뉴런들

공포나 스트레스를 느끼거나 어떤 상황에 적응해야 할 때, 거울뉴런들이 보내는 신호의 횟수가 현저하게 줄어든다는 것이 실험을 통해 밝혀졌다. 스트레스와 공포가 생기면 그 즉시 거울뉴런 시스템과 관련된 모든 활동이 위축된다. 즉 감정이입을 하거나 다른 사람을 이해하고 세부적인 것을 인지하는 능력이 떨어지는 것이다. 여기에서 우리가 알 수 있는 사실은 공포와 스트레스가 생기면 다른 능력, 그러니까 거울 시스템의 작업으로 생기는 학습 능력도 떨어진다는 점이다.[12] 따라서 스트레스와 공포는 학습 과정이 중요한 역할을 하는 모든 영역에서 비생산적인 결과를 낳는다. 이는 직장이나 학교에만 해당하는 것이 아니다. 그러므로 복잡한 인간관계, 갈등이나 위기 상황에서 해결책을 찾으려면 결코 공포 분위기가 조성되어서는 안 된다. 공포 분위기가 사라졌을 때에만 사람들은 경험으로부터 새로운 측면을 받아들이고 배울 수 있다.

공포와 스트레스 상태에서 거울뉴런의 기능이 저하되면 다른 결과도 발생한다. 즉 이런 상황에서는 직감이 좋은 충고자가 될 수 없다. 스트레스로 인해 거울 시스템에 장애가 생기면, 직감은 과도한 부담과 경악 상태에 빠져서 비이성적으로 반응하고, 흔히 실제 상황보다 더 심각하게 사태를 받아들이게 된다. 따라서 이런 경우에 우리는 사고력을 유용하게 이용해야 한다.

거울뉴런이 우리의 태도에 영향을 미칠까

우리가 다른 사람의 행동을 관찰할 때, 전운동피질에 위치한 행동 신경세포들은 공명으로 반응한다. 따라서 거울뉴런들이 우리 태도에 영향을 미치는가 하는 의문이 생길 수 있다. 앞에서 언급한 실험으로, 의도한 행동은 행동뉴런이 활성화됨으로써 시작된다는 사실을 알 수 있었다. 이 행동뉴런은 의도한 행동을 실행하기 위한 계획이나 개념을 프로그램으로 가지고 있고, 행동뉴런이 활성화된 지 대략 0.1초나 0.2초 후에 해당 근육을 관할하는 운동뉴런이 움직이기 시작한다.[13] 하지만 행동신경세포들이 움직인다고 해서 모든 행동이 현실화되는 것은 아니다. 행동뉴런은 그 행동이 실행되지 않더라도 신호를 보낼 수 있다. 그러니까 행동에 대해 단순히 생각하거나 상상하는 경우이다. 다른 사람의 행동을 관찰하거나 함께 체험할 때 이런 일이 일어난다. 그 밖의 일도 생길 수 있다. 즉 만일 관찰자가 지금까지 한 번도 접해보지 못한 사건, 가령 잔혹한 행위를 관찰하게 되면 이 사건은 행동을 주관하는 신경세포에 잠재적인 행동 프로그램으로 저장된다.[14] 특히 관찰자가 지금껏 한 번도 경험하지 못한 완전히 생소한 행동이라면 아주 강렬한 내용으로 저장될 것이다. 즉 우리가 처음으로 인지하거나 체험하는 행동은 그것이 사랑스러운 행동이든 끔찍한 행동이든, 우리의 뇌에 강렬한 인상으로 남는다.

우리는 행동 프로그램에 '잠재적으로' 저장된 내용을 이용할 수 있지만 그렇게 해서는 안 된다. 아이들의 거울 시스템은 관찰한 행동을 즉시 스스로 해보는 경향이 강하지만, 어른들은 이를 저지하는 시스템을 활성화시킨다. 이 시스템은 세 살부터 성숙하기 시작해 사춘기가 지나면 완성된다.[15) 그 이후가 되면 이미 저장된 행동 저지 장치를 풀고 실제 어떤 행동을 불러오는 요인들이 추가되는데, 이 요인은 동기를 관할하는 영역에 있다. 일련의 행동이 개인의 행동 프로그램으로 받아들여지면 위험이 싹틀 수 있는 토대가 된다. 이때부터 일련의 행동을 상상할 수 있기 때문이다. 예를 들어, 개인이 지금까지 금기시되어오던 잔인한 행동을 체험했다면, 위험이 싹틀 수 있는 토대는 그야말로 하나의 위험으로 번질 수 있다. 특히 사회적인 상태나 직업상 극단적인 경우를 스스로 실험해볼 수 있는 사람들의 경우 그러하다.[16)

흥미로운 점은, 사람으로 인한 재난이 아니라 기술적 결함이나 혹은 자연으로 인한 대재난은 행동을 주관하는 신경세포의 프로그램으로 받아들여질 수 없다는 사실이다. 원숭이와 사람을 대상으로 실시한 실험에서 거울뉴런은 생명이 있는 행위자, 즉 살아서 움직이는 사람을 관찰해야 반응했다(여기에서 '생명이 있는 행위자'란 우리와 가까운 종도 해당된다). 피실험자에게 집게나 가상현실에서 비춰지는 손을 보여주었을 때 그의 거울 시스템은 작동하지 않았다. 그렇듯 어린이나 청소년들의 거울 시스템은 자연 재해나 기술적 결함으로 발생한 재난을 보았을 때도 마찬가지로 작동하지 않았다. 이와는 반대로, 영화나 텔레비전과 같은 매체에서 살아 있는 사람이 행동하는 것을 보면, 관찰자의 거울뉴런 시스템은 작동하기 시작하여 공명 현상을 보였다. 또한 가상 세계이기는 하지만 비디오나 컴퓨터 게임도 현실세계와 유사한 까닭에 공명을 불러일으켰다.

거울뉴런은 어떤 행동을 관찰함으로써 자극받지만, 우리는 거울뉴런에게 어떤 행동을 강요할 수는 없다. 그럼에도 불구하고 행동을 관찰함으로써, 특히 자주 관찰함으로써 관찰자가 이 행동을 스스로 실행할 개연성이 더 커지지 않을까 하는 의문을 가져볼 수 있다. 이를 연구한 결과, 그럴 가능성이 많은 것으로 나타났다. 다양한 실험에서 피실험자에게 어떤 행동을 지켜보게 하는 동시에 따라하라고 요청했을 경우, 피실험자는 훨씬 손쉽게 신경생물학적 행동을 취했다.[17] 이와 관련한 증거가 또 있다. 다른 사람의 행동을 피실험자가 즉시 따라할 경우, 거울뉴런이 중요한 역할을 담당한다는 사실이 실험을 통해 밝혀진 것이다. 그와 같은 모방 행동은 전운동피질에 위치한 거울뉴런망을 대대적으로 활성화시킨다. 반대로 피실험자의 거울뉴런망을 잠시 마비시키면,[18] 그는 자신이 보는 행동을 모방할 수 없었다. 물론 손을 움직이는 능력은 마비시키지 않았다.

앞의 실험 결과로 우리는 다음과 같은 사실을 알 수 있다. 다른 사람의 행동을 관찰함으로써 관찰자는 똑같이 행동하고 싶은 프로그램을 활성화시킬 뿐 아니라, 거울뉴런의 공명은 관찰자에게 행동할 준비를 시킨다는 것이다.

　이는 엄청난 결과를 초래할 수 있는데, 특히 어린이와 청소년들을 고려해보면 무서운 결과가 아닐 수 없다(3장과 8장 참조). 관찰과 모방으로 형성된 행동양식은 어린이들의 발달에 결정적으로 긍정적인 역할을 하지만, 다른 한편으로는 이익만 추구하는 대중매체산업에 무제한 노출된 어린이들이 그로부터 얻은 정보를 직접 실행할 가능성도 있다.

사람들은 행동을 하면서 느낀다

행동이란 그 자체가 목적이 아니며, 직접적이든 혹은 중간 단계를 거치든 항상 행동하는 사람의 욕구와 삶의 조건과 관련이 있다. 행동을 하는 사람은 행동의 결과가 자신에게 유용한지를 평가해야 할 뿐 아니라, 피해를 입지 않고 행동을 완성할 수 있는지를 따져봐야 한다. 이 말은 우리가 행동이란 설정한 목표를 완수하는 것과 행동의 결과가 행위자에게 주는 의미로 구성되어 있다는 점을 자주 망각한다는 의미이기도 하다. 사실 우리는 일상생활이나 다른 인간관계에서 그와 같은 점을 고려하지 않을 때가 많지만,

반대로 뇌는 행위자의 상태를 고려하지 않는 전략은 중요하지 않은 것으로 간주한다. 뇌가 행동의 계획을 짤 때 가장 중요하게 생각하는 부분은 행위의 결과이다. 어떤 행동을 계획하거나 실행하려고 할 때마다 뇌에서는 신경세포망이 활발하게 움직이고, 이 신경세포망은 계획을 실행으로 옮길 때 신체가 어떻게 감지하는지를 기록한다.

행동을 계획하고 이를 실행하는 곳, 즉 전운동피질과 운동피질에 있는 뉴런망에는 자신의 신체가 어떤 상태인지를 보여주는 곳이 없고, 바로 뒤쪽에 있는 단면을 봐야 한다. 그곳이 정확하게 어디인지 알려면 그림을 참조하기 바란다(20쪽과 51쪽).

신경학자들은 신체가 어떤 상태인지 감지하는 곳을 '프로프리오쳅션Propriozeption'[19]이라 한다. 오감의 신호를 받아들이는 뇌피질의 신경세포를 지각적 혹은 감각적이라고 한다. 또한 피부의 상태와 그 아래에 있는 조직, 근육 등을 인지하는 피질 영역을 지각 혹은 감각피질 영역이라 한다. 뇌피질의 도면에서 이 부위를 찾아보면, 운동을 관할하는 운동피질 중추의 뒤쪽에 있다.[20] 이들은 접촉, 압력, 팽창, 온도와 온갖 종류의 상처를 기록한다. 감각피질은 신경섬유를 거쳐 광범위한 뇌피질과 연결되어 있기 때문에, 일반적인 신체 상태와 감정 세계에 대한 정보를 가지고 있다.[21] 운동피질의 경우와 비슷하게 감각피질에도 다양한 '지성'이 연결된 망이 있다. '약간 덜 지적인' 감각신경세포는 피부와 조직 혹은 근육이 감지하는 것과 어디에서 감지하는지만을 기록한다. 따라서 이 감각신경세포를 자극과 접촉을 알리는 세포라고 할 수도 있는데, 제1감각피질에 위치하고 있다. '좀더 지적인 과제'를 수행하는 감각신경세포망은 그 뒤와 그리고 바로 밑부분, 즉 이른바 두정엽 하부에 있다. 감각신경세포망은 감각의 과정을 저장하고, 특정한 행동을 어떻게 느끼게 되는지를 직감적으로 상상할 수 있다.[22] 자극과 접촉을 알려주는 세포망과는 반대로 '좀더 지적인' 세포들은 감각을 상상하는 신경세포라고 할 수 있다.

요약하면, 전운동피질에 위치한 행동뉴런은 행동의 목표와 과정에 관련된 프로그램을 부호화한다. 그리고 감각을 상상하는 신경세포는 계획한 행위가 신체에 어떤 감각을 가져올지에 대해 정보를 주어 행동뉴런을 보완해준다. 행동하는 장치와 느끼는 장치가 그렇게 서로 결합함으로써 비로소 상상, 계획 그리고 행동의 실행을 위한 기초가 마련되는 것이다.

행동을 계획하고 실행할 때 뇌가 항상 느낀다는 사실을 바탕으로, 실험을 통해 특정한 생각, 행동 혹은 느낌이 나타날 때 어떤 신경세포망이 활성화되는지도 밝힐 수 있었다.[23] 이 실험 결과에 따르면, 보고된 모든 행동은 운동을 관할하는 신경세포만 활성화시키는 것이 아니라, 자신의 신체가 어떤 상태인지를 기록하는 감각세포망도 활성화시킨다고 한다. 전운동피질에 있는 행동뉴런과 마찬가지로, 감각을 상상하는 신경세포도 미처 우리가 의식할 틈도 없이 자동적으로 활성화된다. 행동을 계획할 때 감각 혹은 지각 장치가 정보를 제공하기 때문에 우리는 일상생활에서 정형외과적 사고를 당하지 않을 수 있는 운동과 행위만을 직감적으로 선택할 수 있다. 하지만 여기에서도 앞서 직감과 분석적 이성의 관계에 대해 언급했던 내용이 적용된다. 직감적인 판단은 오류를 범할 수 있으므로, 보통 우리는 어떤 행동을 실행할 방법과 신체가 그 행동을 충분히 해낼 수 있는지를 보충해서 사고하게 된다. 운동과 관련한 행동을 계획할 때처럼 자신의 신체를 지각할 때도 직감적인 평가와 비판적·분석적 평가를 서로 보완하면 성공을 거둘 수 있을 것이다.

신체 감각의 거울뉴런:
나는 네가 느끼는 것을 느낀다

감각피질에 있는 신경세포는 감각에 관한 상상을 저장하는데, 이 신경세포는 우리 스스로 어떤 행동을 할 때 신체적으로 어떤 느낌을 갖는지에 대해 알려주는 임무만 띠는 것이 아니다. 현대적인 사진 촬영 기법을 이용한 일련의 실험에 따르면, 이 신경세포가 우리 스스로 행동을 계획하고 실행할 때만 반응하는 것은 아니었다. 이 세포들은 거울뉴런과 마찬가지로 다른 사람의 행동과 느낌을 관찰하기만 해도 작동했다. 두정엽 하부에 있는 신경세포, 즉 감각을 상상하는 신경세포는 우리가 관찰한 사람이 느끼는 감정에 대해서도 정보를 줄 수 있다. 이때 반응하는 신경세포는 우리가 그와 똑같은 상황에 처했을 때 활성화되는 바로 그 신경세포이다.

감각에 관여하는 신경세포의 거울 효과로 관찰자는 자신이 인지한 사람의 느낌을 직감적이고 직접적으로 이해할 수 있다. 게다가 행동뉴런의 거울 반응과 비슷하게, 감각에 관여하는 신경세포 역시 행동의 일부분으로 전체의 과정을 보여준다. 이와 같은 예언 덕분에 우리의 감정이 발달할 수 있다. 우리는 어떤 사람에게서 받은 순간적인 인상만으로도 직감적인 예감을 가질 수 있는데, 그러니까 관찰 대상의 신체에서 받은 느낌을 근거로 앞으로 어떻게 진행될지를 예견할 수 있다. 주변 사람들은 우리에게 그들이 어떤 의도를 가지고 행동할지에 대한 상상을 직감적으로 제공할 뿐 아니라, 하나의 프로그램을 작동시킨다. 즉 "지금 그리고 앞으로 일어날 사건을 어떻게 느낄까?" 하는 의문을 시험하는 프로그램이다. 그리고 이 프로그램은 의도적인 노력이나 의식적인 사고를 거칠 필요 없이 자동적으로 진행된다. 그 결과, 우리는 관찰 대상이 대체로 어떻게 느낄지를 직감으로 인지하게 된다.

　상대가 있을 때 그를 인지하면서 체험하는 신경생물학적 공명은 운동 차원과 감각 차원에만 제한되지 않는다. 거울 효과 과정은 우리 신체 내부의 기관과 감정적인 상태를 인지하기도 한다. 최근에 실시한 연구에서는 역겨운 냄새가 나는 물질을 코 밑에 두자 인상뿐 아니라 온몸에서 구토가 일어나는 반응을 보이는 사람들을 비디오로 촬영했다. 그리고 이 비디오를 피실험자에게 보여주자, 냄새를 직접 맡지 않았음에도 그들은 마치 직접 역겨운 냄새를 맡은 것처럼 구토 반응을 보였다.[24] 다른 점도 관찰할 수 있었는데, 뇌졸중 때문에 구토를 일으키는 부위가 손상된 사람은 더 이상 구토를 느끼지 않았다. 또한 이들은 다른 사람의 구토 표현조차 인지하지 못했다. 이는 다음과 같은 사실을 증명해준다. 요컨대, 거울 시스템이란 다른 사람이 어떤 상태인지를 즉각 인지할 수 있는 능력과 관련해서 결정적으로 중요한 신경생물학적 기초라는 것이다. 하지만 거울뉴런의 능력은 여기에서 끝나지 않는다. 거울뉴런은 구토 실험이 보여주듯이, 우리가 다른 사람에게서 인지한 상태를 어느 정도 우리에게도 만들어줄 수 있다. 이런 까닭에 어떤 사람이 우리 곁에 서 있으면, 우리의 신체적인 상태가 변하는 것을 경험할 수 있다.

고통, 동정심, 감정이입 능력과 관련된 거울뉴런

고통을 느끼는 감정적인 측면은 뇌 영역에 있는 신경세포를 통해 기록된다. 이 영역에는 우리의 감정 상태와 삶에 대한 느낌이 들어 있다. 이 영역을 대상회Gyrus cinguli[25]라고 한다. 윌리엄 허치슨William Hutchison은 탁월한 연구를 통해 대상회의 개별적인 신경세포를 확인할 수 있었다. 즉 수술용 칼로 특정 손가락 끝을 찌르자,[26] 피실험자는 고통을 느꼈고 대상회의 신경세포도 반응을 보였다. 특별히 이 고통에만 반응하는 세포를 확인한 뒤, 사람들은 피실험자에게 실험실 팀장이 자기 손가락을 직접 찌르는 모습을 관찰해달라고 부탁했다. 그러자 이 모습을 관찰한 피실험자의 신경세포에서 신호가 나왔다. 그러니까 피실험자 자신의 손가락이 고통을 느꼈을 때 반응했던 바로 그 신경세포에서 신호가 나왔던 것이다. 대상회는 뇌에서 감정을 관장하는 중심지이므로, 이곳에서 발견된 거울뉴런은 동정심 및 감정이입 능력과 관련된 신경 시스템임이 분명하다.

허치슨의 관찰은 다른 방식으로 진행된 실험에서도 증명되었다. 탄야 징거Tanja Singer와 그녀의 동료들이 기능적 핵자기공명법으로 촬영한 결과, 상대가 손에 고통을 느끼는 장면을 지켜본 사람의 대상회와 고통을 감지하는 다른 부위[27]가 활성화되었다. 이 실험에서도 피실험자는 상대가 고통을 느끼는 장면을 목격함으로써 마치 자신이 고통을 체험하는 것처럼 반응했다. 그렇듯 거울뉴런은 뇌의 고통 중추에도 있는 바, 이를 통해 우리는 다른 사람의 고통을 직접적으로 공감할 수 있게 된다. 고통과 동정심을 담당하는 거울뉴런도 직감적으로 예견하는 경향이 있다. 다시 말해, 관찰자의 거울뉴런은 고통을 직접 관찰해야만 반응하는 것이 아니다. 그러니까 앞으로 고통을 느끼게 될 상황만으로도 관찰자는 충분히 고통을 느낄 수 있다는 말이다.[28]

공감의 비밀

다른 사람이 느끼는 것을 느낄 수 있는 능력은 공감 능력의 비밀 중 하나이다. 우리는 공감을 통해 다른 사람을 자신 안에서 비추어보고, 그의 의도와 느낌을 감지할 수 있다. 다양한 연구에 따르면, 우리는 거울 반응을 잘 할 수 있는 사람에게 공감을 느낀다고 한다.[29] 이때 우리는 무엇보다 다른 사람의 몸짓이나 신체의 언어가 주어진 상황과 어울리는지를 따져볼 것이다. 슬픈 영화를 명랑한 표정으로 얘기하는 사람은 제3자에게 공감을 유발하기 힘든 반면, 그 상황에 몰입해서 온갖 몸짓을 동원하여 표현하는 사람은 충분히 공감을 불러일으킬 수 있다.

이와 관련해서 두 가지 측면이 매우 중요하다. 우선, 주어진 상황과 그 상황에서 표현되는 신체의 언어 사이에 공감을 유발할 수 있는 합의점을 의도적으로 만들어내서는 안 된다. 공감이란 사람들이 실제 자신이 느끼는 것을 진실하게 표현해야만 효과가 있으니 말이다. 두 번째는 첫 번째 측면보다 더욱 흥미로운데, 어떤 상황에 관여한 사람이 공감에 완전히 몰두하게 되면 긍정적인 효과가 사라지고 만다. 이를테면 상황에 너무 몰입해 다른 사람과 간격을 두지 않으면, 도울 수 있는 능력도 사라지고 마는 것이다.[30]

다른 사람이 생각하는 것을 상상하는 능력(마음 이론)

우리는 끊임없이 사용하고 있는 많은 것들에 대해서 거의 생각을 하지 않는다. 그런 것들에 너무 익숙해진 탓이다. 다른 사람이 무엇을 원하고 그 다음 어떤 일이 일어날지에 관해 순간적인 인상을 갖게 되는 능력도 역시 그렇다. 다른 사람의 사정을 신속하게 파악하는 능력을 전문 용어로 '마음 이론'이라고 한다. 다른 사람이 무슨 이유로 어떤 행동을 하는지에 관한 인상은 그 즉시 우리에게 전달되는데, 이런 인상은 직감적으로 생겨나기 때문이다. 그러니까 우리가 이를 의식적으로 곰곰이 생각해보기도 전에 이미 인상을 받게 되는 것이다. 인상이란 반사 작용을 하기 전에 생기는 현상이라고 할 수 있다. 놀랄지도 모르지만, 그것이 '올바른' 인상인지 아닌지는 그리 중요하지 않다. 사람들끼리 접촉하려면 무엇보다 다른 사람에게서 직감적으로 인상을 받는 것이 중요한데, 그렇게 해야만 즉각 대화를 시작할 수 있기 때문이다. 만일 다른 사람에 대한 마음 이론을 형성할 수 있는 능력이 우리에게서 없어진다면 그때서야 문제가 발생할 것이다.

이와 관련해서 심각한 문제를 안게 되는 사람은 소수에 불과하지만(3장과 9장 참조), 오래 전부터 신경생리학자·정신분석학자·의학도 등은 도대체 마음 이론이라는 능력이 어디에서 개발되었는지를 연구하고 있다. 우리는 거울뉴런을 발견함으로써 그와 같은 의문에 답할 수 있게 되었다. 거울뉴런이라는 시스템으로 사람들이 서로 이해할 수 있는 능력에 관한 신경생리학적 토대를 갖게 되었다는 말이다. 다른 사람의 감정을 같이 체험하면, 우리의 신경세포망은 반응을 하게 된다. 즉 다른 사람이 느끼는 감정이 우리 내부에 들어오는 것이다. 동정심을 느끼거나 감정이입을 할 수 있는 능력은 상대가 감지하는 느낌을 우리의 신경 체계—뇌의 다양한 감정 중추에서—가 자동적이면서도 즉각적으로 재구성하는 까닭에 생겨난다. 어떤 장치나 생화학적 방법도 다른 사람의 감정 상태를 파악하거나 영향을 줄 수 없으며, 이를 오로지 사람들만이 할 수 있다는 전제는 모두 신경생리학적 원인 때문이다.

다른 사람 관찰하기: 거울뉴런 체계와 관련된 시각적 해독

신경생물학적 공명 현상은 다른 사람이 어떤 행동을 하거나 어떤 느낌을 가지고 있다는 점을 인지하고 관찰하면서 시작된다. 그러면 관찰자의 신경과 심리는 공명 현상을 일으킨다. 하지만 다른 사람을 관찰해 얻은 시각적 정보가 거울뉴런으로 작업해야 하는 정보라는 것을 어떻게 알 수 있을까? 이해를 돕기 위해 다음에 나오는 그림을 참조하도록 하자.

실제로 뇌는 이와 같은 과제를 수행하는 해독과 해석 시스템을 작동시킨다. 이 시스템은 능력이 대단해서 뇌에 전달된 정보, 그러니까 예전에 들어온 시각적 신호는 물론 방금 들어온 시각적 신호까지 모두 담당하고도 남는다. 우리 눈이 인지한 것은 우선 시각피질에 의해 그림으로 바뀐다. 시각피질의 신경세포는 머리 뒤쪽에 있다. 시각적으로 해독하고 해석하는 시스템은 시각피질의

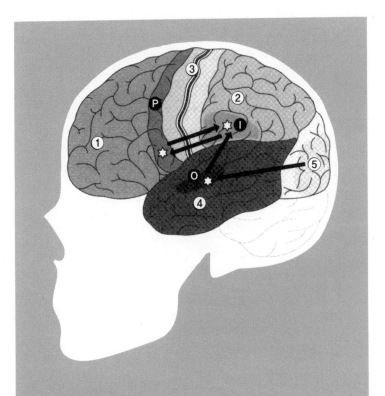

전두엽①에 있는 전운동피질ⓟ:
전운동피질의 아래쪽에 목표로 하는 행동이 어떻게 실행되는지가 저장된다. 전운동피질은 두정엽 하부와 정보를 교환한다(검은색 화살표).

두정엽②에 있는 두정엽 하부ⓘ:
행동을 어떻게 감지하는지가 저장된다. 두정엽 하부는 전운동피질과 정보를 교환한다(검은색 화살표).

중심렬③

측두엽④에 있는 STSⓞ:
관찰한 생물에 대한 해석이 이루어진다. STS 영역은 정보를 두정엽 하부로 보낸다(검은색 화살표).

후두엽⑤에 있는 시각피질:
시각적 인상이 그림으로 바뀐다. 관찰한 생명은 복사되어 STS 영역으로 보내진다(검은색 화살표).

거울뉴런 ☆

신경세포가 작동한 뒤에 움직이지만, 이 둘은 신경섬유로 서로 연결되어 있다. 시각피질의 양쪽 옆부분에 있는 신경섬유는 뇌피질의 측두엽 앞쪽으로 뻗어 있고, 이곳에 시각적인 정보를 해독하고 해석하는 장치가 있다. 이 시스템을 STS(superior temporal sulcus: 상측두고랑)라고 한다. 여기에서 해독된 정보들은 신경섬유를 거쳐 다른 곳으로 전달되는데, 우선 감각을 상상하는 신경세포(두정엽 하부)에 전달되고 이어서 행동뉴런(전운동피질)에 전달된다.

시각적 해독과 해석 장치STS는 최근에 이르러 심도 있게 연구되고 있다.[31] 이 해석 장치는 마치 특수한 공장처럼 일을 하는데, 즉 시각피질이 눈으로부터 얻은 모든 시각적 정보를 지극히 빠른 속도로 즉각 작업한다. 시각적 해독과 해석 장치는 우선 자신이 작동해야 할 정보인지부터 검사한다. 즉 이 장치가 작동하는 경우는 시각피질이 살아 있는 행위자가 하는 행동을 전달해줄 때뿐이다. 만일 방금 사람이 실행한 행동을 어떤 장비나 로봇이 하게 되면, 이 장치는 작업을 중단하고 만다. 이렇듯 해독 시스템이 시각적 정보 가운데 일부분에만 관여하는 것은 이 시스템이 떠맡은 과제가 다른 사람이나 생명체의 의도 혹은 느낌을 지시하는 것에 한정되어 있기 때문이다. 다시 말해, 해독 시스템은 다른 사람의 몸짓·인상·입술의 모양을 해독하고, 특히 다른 사람의 시선을 해독한다.

왜 우리는 다른 사람이 관찰하는 것을 관찰할까: 시각적 해석 장치의 거울뉴런

시각적 해독과 해석 장치의 기능은 운동을 담당하는 거울뉴런과 감각 혹은 감정을 담당하는 거울뉴런들에게 정보만을 제공하는 데 그치지 않고, 이들 거울뉴런이 전혀 다른 거울 반응을 일으키도록 한다. 이를테면 시각적 해독 장치는 우리 주변에 있는 다른 사람들의 시선에만 주의를 기울이는 것이 아니라, 다른 사람의 시선이 향하는 곳으로 우리의 시선도 움직이게 한다. 가장 흔히 볼 수 있는 예는, 다른 사람이 방금 쳐다본 방향을 우리도 쳐다보게 되는 경우이다. 만일 어떤 사람이 갑작스럽게 혹은 놀라면서 어떤 것을 쳐다보면, 우리도 그 즉시 그곳을 보게 된다. 이처럼 동일한 곳을 향해 시선을 돌리는 즉각적인 행동을 '공동 주의 집중'이라 하며, 이는 일상에서 늘 볼 수 있는 현상이다. 물론 두 사람 사이에 감정적인 유대관계가 형성되려면 중요한 전제 조건이 필요한데, 이에 관해서는 3장과 6장을 참조하기 바란다.

시각적 해독 장치로 다른 사람의 시선에 어느 정도 주의를 기울여야 할지는 우리가 겪은 기본적인 경험에 따라 결정된다. 인간뿐 아니라 원숭이와 다른 몇몇 종은, 가령 개와 같은 종은 신체의 다른 언어보다 눈이 움직이는 것으로 더 많은 것을 알 수 있다고 한다. 이는 실제 상황을 평가할 때뿐만 아니라 무엇보다 주변 사람들의 생각·의도·행동의 목적을 고려할 때도 그러하다. 원숭이를 실험한 결과, 시각적 해독과 해석 시스템은 특수한 신경세포망을 가지고 있는데, 이 세포망의 과제는 특정 시선을 순식간에 인지해 해석하고 그 정보를 즉시 뇌의 다른 영역으로 보내는 것이라는 사실이 드러났다.

요약

거울신경세포 혹은 거울뉴런이란 신체의 어떤 행동이나 느낌을 감독할 수 있고, 동일한 과정이 다른 사람에게서 일어나는 것을 관찰할 때 즉각 활성화되는 뇌의 신경세포를 일컫는다. 이들의 공명 현상은 비의도적이며 생각할 겨를도 없이 즉각 일어난다. 거울뉴런은 다른 사람에게서 관찰한 내용을 내적으로 모의실험하기 위해 관찰자의 신경생리학적 목록을 이용한다. 거울 공명은 즉각적이고 직감적으로 이해하는 데 필요한 신경생리학적 기초가 되며, 마음 이론의 토대가 되기도 한다. 거울뉴런은 관찰자의 상상을 자극하고, 사고와 감정을 불러일으킨다. 그뿐만 아니라, 특정한 조건이 갖춰지면 신체의 상태를 생물학적으로 변화시킬 수도 있다.

03

아이들이 세상을 비추는 방법과 자폐증의 문제

우리의 삶을 여행에 비유할 수 있는데, 그러니까 우리는 필요한 물건들을 넣은 배낭을 짊어지고 삶이라는 여행을 한다. 이때 거울 뉴런은 이 배낭에 들어 있는 것 가운데 가장 필요한 물건이라 할 수 있다. 거울뉴런이 없다면 다른 사람들과의 교제나 접촉도 없으며, 즉흥적인 사건이나 감정적인 이해도 있을 수 없다. 유전학적으로 보면 유아도 거울뉴런을 타고나며, 이로써 아이는 태어난 지 며칠 뒤부터 가까운 사람들과 함께 최초로 거울 행동을 할 수 있다. 유아가 그와 같은 행동을 실제로 행할 기회가 있는지 없는지는 상당히 중요하다. 우리의 뇌는 "사용하라, 그렇지 않으면 기능을 잃어버린다!"를 기본 원칙으로 삼고 있기 때문이다. 사용하지 않는 신경세포는 결국 기능을 잃고 만다. 거울 반응은 결코 독자적으로 발달하지 않으며 반드시 상대가 필요하다.

용불용설: 유아의 거울뉴런은 사용해야만 한다

태어날 때부터 거울신경세포라는 유전적인 기본 장치를 가지고 삶을 시작한다는 사실이 한 현상으로 드러난다. 즉 태어난 지 몇 시간 혹은 며칠이 지난 유아는 적당한 거리에 떨어져 있는 사람의 특정 인상을 즉각 모방하기 시작한다.[1] 상대가 입을 벌리면, 아기도 똑같이 행동하는 것이다. 입술을 뾰족하게 내밀면 아기도 입술을 내밀고, 혀를 내밀면 그대로 따라한다. 모방이라는 놀라운 능력을 통해 유아는 태어난 지 며칠 만에 상대와 서로 교환하는 놀이를 할 수 있는데, 이는 유아가 맺는 최초의 인간관계다. 즉각적인 모방을 할 수 있는 신경생리학적 장치 덕분에 유아는 주변 사람들과 관계를 발전시킬 수 있다.

유아와 가장 친근한 사람[2]과 유아 사이에 뭔가 일어나는데, 이는 연애 초기의 남녀 사이에서 일어나는 마법과 같다. 실제로 두 경우는 신경생리학적 측면에서도 비슷한 일이 일어난다. 즉 두 사람은 상호 신호를 바탕으로 상대가 관심을 가지는 것들을 만지고 느끼며, 이에 대해 신호를 보내고 상대에게 반응을 기대하며 기다리는 것이다. 이와 같은 놀이는 연애 초기에만 볼 수 있는 것이 아니라, 물론 상대적으로 덜 강렬한 형태겠지만 모든 인간관계의 초기에도 볼 수 있다.

이처럼 놀라운 거울 놀이를 시작하기 위해 유아는 다른 사람이 필요하다. 무조건 사람이면 되는 것도 아니고 이 놀이를 같이 할 수 있는 사람이 필요한 것이다. 대부분의 아이들은 이에 적합한 놀이 친구를 가지고 있으며, 대부분 아이와 가까운 관계에 있는 놀이 친구는 사랑과 애정으로 관계를 맺는다. 아이에게 가장 좋은 놀이 친구는 부모이며, 이들은 아이를 낳을 때 특별한 물질을 얻게 되는데, 이 물질로 인해 아이와 관계를 맺는 능력도 다른 사람들에 비해 훨씬 뛰어나다. 특별한 물질이란 옥시토신Oxytocin이다. 만일 부모가 놀이 친구가 될 수 없으면, 사랑이 풍부한 다른 사람이 이를 대신해도 괜찮다. 물론 이 사람은 아이와 관계를 맺기 위해 비교적 오랜 기간 동안 부모의 역할을 맡아야 한다.

유전적인 기본 장비란 유아가 훗날 성장했을 때 실제로 이 장비가 제대로 작동할 것임을 보장해줄 따름이다. 태어날 때 이미 갖추게 되는 거울 시스템은 유아가 자신에게 적합한 관계를 맺을 경우에만 계속 발달할 수 있다. 상당히 많은 사람들은 우리가 발달하고 성장하는 것은 순전히 유전자 덕분이라고 착각하고 있다. 그러나 사실은 특정한 신경생물학적 장치가 활성화되고, 이로부터 얻는 인간관계에 대한 경험과 삶의 양식이 유전자의 활동을 조정할 뿐 아니라, 뇌의 미시적 구조에도 지대한 영향을 미친다.[3] 인간관계가 우리의 신체에 미치는 영향을 가장 잘 보여주는 것이 바로 거울 시스템이다.

유전적인 장비만으로는 우리의 능력이 발달할 수 없다는 사실은 시각장애인의 거울뉴런에서 관찰할 수 있다. 태어날 때부터 시각장애를 가진 사람은 시각적인 정보를 얻지 못하기에 상대를 모방하는 놀이를 할 수 없다. 그럼에도 그들의 거울 시스템이 잘 작동하고 있다는 사실은 그들이 보여주는 다른 반응에서 확인할 수 있다. 그들은 어릴 적에 연습을 하지 못했으므로 다른 사람의 인상을 모방하는 반응은 하지 못한다. 따라서 이들이 성격이나 능력을 발전시키려면, 인간관계와 사회생활을 통해서 적절한 방법으로 타고난 생물학적 기질을 활성화시켜야만 한다.

유아의 모방 기술은 태어나서 며칠 뒤부터 사람들의 인상에 반응하는 데만 그치지 않는다. 시간이 지나면 유아는 목소리를 흉내내기 시작한다. 또한 유아는—물론 완전하지는 않지만—심하게 움직이는 사람을 보면 운동성 공명 반응도 보인다. 이미 언급했듯이, 아이와 가까운 사람은 유아가 모방할 준비가 되어 있다는 점을 자신도 모르게 이용한다. 즉 아이와 눈길을 교환하며 밥을 먹이는 사람은 아이가 자신을 따라할 것이라는 점을 직감적으로 알기에 입을 벌리는 것이다.

유아가 모방 연습을 할 때, 어머니 혹은 아이와 가장 가까운 사람은 직감적으로 유아를 모방하고 이로써 유아가 보냈던 신호에 응답하는 경향이 있다. 이때 그들은 유아의 한 가지 태도에 한 가지로 반응하지 않고, 폭넓은 요소가 포함된 과정으로 반응한다. 그리하여 유아는 의식이라는 과정을 사용하기 전부터 하나의 표시를 인지하게 되는 것이다. 즉 유아는 상대가 자신을 인지했으며 이어서 공명 행동을 해달라는 표시를 얻는다. 이런 방식으로 처음에는 매우 한정된 모방만 하던 유아는 서서히 대화의 폭을 넓혀간다. 유아가 놀라운 능력을 가지고 태어난다는 사실은 몇 년 전에 이미 알려졌고, 대니얼 스턴Daniel Stern과 마르틴 도르네스Martin Domes와 같은 저자를 통해 책으로 소개되었다. 하지만 거울뉴런이 발견되고 나서야 이 같은 능력의 비밀이 명확하게 밝혀진 셈이다.

감성지수의 기초: 직감적으로 이해했다는 느낌

거울뉴런이 제공하는 기초를 바탕으로 유아는 주변과 감정적인 접촉을 하고, 신호를 교환하며 이해했다는 최초의 느낌을 발전시킬 수 있다. 거울 반응은 어릴 때부터 가능할 뿐 아니라, 유아는 감정적인 측면에서는 물론 신경생물학적으로도 거울 반응을 하고자 하는 욕구를 기본적으로 가지고 있다. 이는 행복한 반응—이는 뇌전도EEG에서 신호로 나타난다—가령 애정이 가득 담긴 모방에 대한 반응에만 해당되지 않는다. 행복한 모습에 거울 반응을 하고 이로써 두 사람 사이에 유대감이 생기면, 사람의 신체는 마치 아편을 맞은 것과 같은 느낌을 갖게 된다. 이 때문에 사람들은 애정을 서로 나누면 고통도 참을 수 있고, 신경생리학적으로 애착이라는 것에 정통하는 것이다.[4]

따라서 어린 시절의 거울 반응은 정신적인 행복뿐 아니라 육체적인 행복을 안겨준다. 반대로 의도적으로 거부하는 거울 반응은 상당히 불쾌한 반응을 불러온다. 이는 실험을 통해 밝혀졌는데, 전문가들은 이를 '무표정 조처still face procedure'라 한다. 실험은 다음과 같이 실시했다. 아이와 가까운 사람이 아이의 얼굴과 적당한 거리를 두고 마주한다. 만일 어른이 의도적으로 무표정한 얼굴을 하면, 아이는 충동적으로 얼굴을 홱 돌린다. 이 과정을 여러 번 반복하자, 결국 아이는 감정을 드러내지 않았다. 즉 유아는 모방을 통해 상대와 신호를 교환하려는 노력을 더 이상 하지 않았던 것이다.

이와 같은 종류의 실험 결과, 유아 혹은 어린이에게 감정이 빠져 있는, 순전히 '합리적' 혹은 '이성적'인 기준을 가르쳐주려는 시도들은 끔찍한 결과를 가져왔다. 아이는 다른 사람과 감정적인 접촉을 하고 그들과 직감적으로 유대감을 느끼는 등을 하지 못했다. 어린 시절의 거울 반응은 대니얼 골먼Daniel Goleman이 감성지수EQ라 일컬었던 것의 기초가 된다.

태어난 지 일주일 정도 된 유아는 자아를 체험하지 못하지만, 거울 효과를 이용해 어른들과 부호를 교환하게 되면 최초로 사회적인 연대감이라는 기본 감정을 얻을 수 있다. 물론 직감적으로 말이다. 이 시점의 유아는 자신과 다른 사람을 구분하지 못하기 때문에, 유아를 연구하는 사람들은 이 시기의 커뮤니케이션 교환을 '주체가 없는 간주관intersubjectivity without subject'이라 한다. 즉 사람들 사이에서 발생하는 관계는 행동하는 주체—아이의 경우를 고려할 때—없이도 일어날 수 있다는 뜻이다. 행동하는 주체가 아니더라도 같은 종에 속하는 다른 생명체와 직감적으로 연대하고 있다는 감정, 그리고 이 생명체와 함께 공통된 감정의 세계에 살고 있다는 느낌이 생긴다. 상호 거울 과정을 통해 발생하는 이 같은 감정을 비토리오 갤레스Vittorio Gallese[5]는 '사회적 정체성'이라고 했다. 이 정체성은 사람들이 태어나면서부터 갖게 되는 이른바 '원형 욕구'(괴테는 모든 식물의 조상이자 원초적인 형태를 '원형 식물'이라고 했는데, 여기에서 말하는 '원형 욕구'란 욕구들 가운데 최초의 혹은 원초적인 욕구로 이해하면 될 것이다—옮긴이)라 할 수 있다. 즉 유아 연구가들은 아이가 태어난 지 2개월 후면 어머니와 함께 반대나 찬성의 감정을 적극적으로 보여주려 한다는 사실을 알게 되었다. 또한 태어난 지 3개월 된 유아는 표현을 통해 가까운 사람의 태도를 바꿀 수 있다는 사실도 여러 실험에서 확인되었다. 이 시점에 있는 유아는 어른들의 시선이 가는 방향으로 주의를 집중하고 이로써 어른들의 주의를 끌기 시작한다. 이는 '공동 주의 집중'이 처음으로 나타났다는 표시이며, 공통된 관심사를 갖고 있다는 점을 거울 반응으로 표현한 것이다. 나아가 아이가 자신과 가까운 사람들에게 직감적으로 동조한다는 점을 보여주는 예다. 이는 바로 감성지수의 싹이 최초로 나타났다는 증거이기도 하다.

아이들의 놀이가 거울 시스템의 발달에 미치는 영향

아이는 대략 6개월이 되면 일련의 운동 과정과 그 목표를 저장하기 시작한다. 예를 들어, 공을 블라인드 뒤쪽으로 굴리면 6개월 된 아이는 블라인드의 반대쪽에서 공이 나타나기를 기다린다. 이는 아이가 나중에 일련의 과정을 거쳐 완성되는 행동, 이른바 행동 전체를 저장할 수 있는 전제 조건이 된다. 9개월이 되면 아이는 보이지는 않지만 사물이나 사람이 존재한다는 것을 안다고 표현할 수 있다. 아이는 이처럼 불변하는 객체를 가까운 사람뿐 아니라, 사물에서도 알아볼 수 있다. 가령 수건으로 둘둘 감아둔 공을 보면 아이는 수건을 풀려 한다. 비록 공은 보이지 않지만 아이는 수건 속에 공이 들어 있다는 사실을 알기 때문이다. 이렇듯 아이가 보이지 않는 사물이 계속 존재한다는 사실을 배우는 단계가 되면, 보이지 않는 일련의 행동을 상상할 수 있는 능력을 갖게 된다. 12개월에서 14개월이 된 아이는, 자신이 관찰한 행동의 목표나 의도를 예견하고 어떤 식으로든 이해할 수 있게 된다. 이로써 거울 시스템은 단계적으로 점점 확장된다.

아이는 행동할 수 있는 여러 가지 가능성을 모은 뒤 그것으로 세계에 대한 자신의 그림을 구상한다. 하지만 상호작용, 행동과 느낌은 외부 세계를 구성하는 재료일 뿐 아니라, 자아를 상상할 수 있는 기초가 된다. 12개월에서 18개월 된 아이는 자신과 다른 사람 사이에 차이가 있다는 사실을 인식한다. 이미 사회적 정체성 (나는 다른 사람들의 세계에 속한다)을 직감적으로 느끼고 있는 아이는 이 시기가 되면 또한 개인으로서 자아 정체성(나는 다른 사람들과 다르다)도 느끼게 된다. 세계에 대한 그림을 구상하고 자신을 정의하기 위해 아이의 뇌는 체험한 일련의 행동과 상호작용을 프로그램으로 저장하여 이용할 수 있어야 한다.

아이는 행동과 느낌을 혼자 힘으로 얻을 수 없다. 유아가 태어난 지 얼마 후부터 거울 반응으로 모방 연습을 하듯이, 아이는 훗날에도 지속적으로 경험을 나눌 수 있는 특정 사람이 필요하다. 물론 가까운 사람과 상호 접촉하는 것 외에, 두 살 이전의 아이에게는 다른 것이 필요하다. 이제 아이는 행동과 느낌을 다양한 역할과 여러 가지 관점에서 시험할 수 있는 연습장이 필요한 것이다. 이는 훗날 실제 우리가 살아가는 세상을 위한 연습장으로, 바로 아이들이 하는 놀이다. 놀이의 중요성은, 아이가 이를 통해서만 갖가지 행동과 상호작용을 알고 연습할 수 있기 때문에 아무리 강조해도 지나치지 않다.

놀이 능력은 신경생리학적 전제 조건들과 관련이 있다. 즉 18개월이 되면 아이는 행동을 유심히 관찰하고 의도적인 모방을 통해 연습할 수 있게 된다. 거울 시스템이 발달하여 모델의 모든 것을 관찰할 수 있다. 하지만 이것만으로는 충분하지 않다. 어린아이는 놀이의 세상을 스스로 열어갈 수 없다. 우선 가까운 사람이 한동안 아이를 놀이로 인도해야 한다. 신경생리학적 측면에서 볼 때 아이에게 놀이를 지도하는 사람은 지극히 중요한 사람이다. 거울 시스템은 살아 있는 본보기, 생명이 있는 행위자가 행동해야만 거울 반응을 할 수 있기 때문이다. 따라서 어린아이의 곁에는 항상 살아 숨쉬는 사람이 있어줘야 한다. 화면으로만 볼 수 있는 사람이나 인물은 아이와 개인적으로 상호작용을 할 수 없다는 치명적인 단점이 있다. 만일 아이를 돌보는 사람이 곁에 있고, 아이의 행동에 반응을 해주고 함께 놀아줄 수 있다면, 아이는 훗날 혼자서도 놀 수 있게 된다.

거울 장치의 능력:
의미심장한 표시를 인지함으로써 얻는 확신

다른 사람들이 서로 접촉하는 모습, 그리고 그들이 세상의 여러 대상을 다루는 방법을 관찰하고 모방하는 가운데 신경세포들 사이에 새로운 연결고리가 만들어진다. 만일 놀이를 충분히 할 수 있다는 조건이 충족되면, 아이는 18개월에 시작한 모방 단계로부터 거울뉴런 시스템으로 넘어간다. 이 시스템으로 아이는 훗날 직감적인 이해와 행동을 다채롭게 할 수 있으며, 이때 행동이란 운동성을 띤 사건 그 이상이다. 말하자면 특정 행동이 행위자에게 어떤 느낌을 줄지에 대한 지각을 동반한 행동을 말한다. 하나의 행동은 두 가지 의미에서 느낌을 줄 수 있다. 우선, 그 행동으로 신체가 어떤 느낌을 갖는지가 중요하다. 그러니까 좋은 느낌부터 나쁜 느낌과 심지어 고통을 유발할 수 있는 느낌도 포함된다. 또 다른 의미는, 대부분의 행동은 감정적인 배경을 지니고 있다. 행동이 지닌 이와 같은 측면을 아이와 가까운 사람이 지도해줘야 하는데, 그렇게 해야 아이가 나중에 놀이를 할 때 행동을 직접 실행하고 또한 연습할 수 있기 때문이다. 아이들이 놀이를 통해 일련의 행동과 관련된 감각적 연습과 운동성 연습을 하지 못하면, 태도나 신체로 표현하는 언어에서 발달장애가 생긴다. 이럴 경우 아이들은 대체로 거칠고 미숙한 태도를 취하고 표현한다.

어떤 행동이든 시각적으로 알 수 있는 특징이 있는데, 가령 그 특징을 통해 우리는 행동하는 사람의 의도나 행동의 과정, 혹은 사건으로부터 기대하는 결과를 인지하고 예견할 수 있는 특징이 있다. 이를테면, 자세, 머리의 움직임과 몸통의 움직임, 무엇보다 인상과 시선의 움직임 등에서 특징을 발견한다. 아이가 다른 사람을 관찰할 경우, 아이는 특정 행동을 하는 행위자의 시각적 특징을 저장해둔다. 이로부터 신경세포망이 만들어지며, 또한 이 세포망에서 시각적 해독과 해석 장치STS가 발달하는 것이다. 그리하여 어린아이는 가까운 사람의 의도나 의견을 알기 위해 시각적 특징에 특별히 주의를 기울인다. 아이는 12개월이 지나서도 자신과 가까운 사람이 특정 상황을 어떻게 평가하는지에 따라 그 상황을 판단한다. 심지어 자신의 몸이 어떤 상태에 놓여 있는지를 판단할 경우에도 예외가 아니다. 만일 기대하지 않았던 새로운 혹은 달갑지 않은 현상이 아이에게 일어나면, 아이의 시선―이것이 바로 해석 장치다!―은 즉각 어른의 얼굴을 향한다. 아이가 어머니 옆에서 넘어졌을 때도 동일한 일이 발생한다. 넘어진 아이는 즉각 어머니의 얼굴을 보고 난 뒤에 자신이 많이 아픈지 그렇지 않은지 알게 되는 것이다. 이처럼 지속적으로 조정하기 위해 아이에게는 부모의 시선이 필요하다.

경험이 내적인 작업 모델로: 체험과 태도에 관한 내적 모델의 발생

아이가 점차 알게 되는 세상은 다양한 상품을 소개해놓은 목록이 아니라, 처음에는 단순히 지켜보다가 나중에 모방하게 되는 행동과 상호작용의 집합이다. 관찰과 모방을 통해 아이의 뇌에는 일종의 문서가 만들어지는데, 이 문서는 신경세포망에 저장된다. 이 문서는 세계를 일련의 행동으로, 그것도 다양한 차원의 행동으로 소개한다. 문서는 시각적으로 볼 수 있는 전형적인 특징을 묘사하고 있어서 행동의 시작 혹은 완성을 인지할 수 있다. 즉 문서는 목표나 결과, 그리고 행동의 과정을 서술한다. 또한 하나의 행동이 완성되면 행위자의 신체가 어떤 느낌을 가지게 되는지도 서술한다. 마지막으로, 행동의 과정에 포함되는 감정적인 배경도 묘사해준다. 이런 방식으로 아이는 자신의 네트워크에 내적인 작업 모델을 저장하게 되는데, 세상 사람들은 모두 그와 같은 작업 모델에 따라 행동하고 사회적인 과정도 정하는 것이다.

따라서 유년 시절에 아이에게 만들어지는 체험과 태도에 관한 모델이 개별적인 환경과 아이와 가까운 사람들에게서 관찰할 수 있는 것들로부터 나온다는 사실도 그리 놀라운 일은 아니다. 아이의 관점에서 볼 때, 그처럼 구체적이고 개별적인 인물을 모델로 받아들인다는 사실은 실제 세계에 적절하게 적응하고 있음을 의미한다. 아이가 평범한 삶의 중요한 영역에서 자신을 키우고, 어떤 폭력도 당하지 않으며, 믿을 수 있는 사람들을 의지할 수 있는 한, 아이는 자신에게 적합한 환경을 가지고 있는 셈이다. 이와는 무관하게, 아이가 어린 시절에 습득한 세계는 훗날 어른이 되어 직면하게 되는 세상과 상당히 다를 수 있다. 물론 가족에게서 습득한 적절한 적응 모델은 어느 정도 유용할 수 있다. 하지만 그런 모델은 실제 세상에 걸림돌이 되어 개인에게 엄청난 문제를 불러일으킬 가능성도 있다. 아이가 어른이 되어 새롭게 적응하는 법을 배워야 할 경우, 그 개인에게 과도한 부담이 되고 외부의 도움이 필요할 수도 있다(9장 참조). 하지만 그렇다고 가족적인 배경이 '나쁜' 환경이었다고 추측해서는 안 된다.

감정적인 공명을 할 수 있는 능력

감정이입을 잘 할 수 있는 능력은 공감을 가능하게 해주는 거울 장치가 인간관계로부터 충분한 경험을 반영해 무리 없이 잘 작동하는지의 여부에 달려 있다. 다른 사람, 특히 가까운 사람이 자신의 감정에 관여한 경험이 부족한 아이는 감정적인 공명 반응을 할 능력도 부족하다. 아이들의 경우, 일반적으로 두 살에서 세 살 사이에 감정이입 능력이 발달한다. 흥미롭게도 감정이입 능력이 나타나고 얼마 후, 아이가 최초로 지적으로 인식하는 모습을 발견할 수 있다. 다시 말해 다른 사람들이 자신과 다른 관점에서 본다는 사실을 인식할 수 있다는 말이다.

공명 현상과 감정이입을 하려면 아이는 두 살에서 세 살 사이에 그에 필요한 능력을 발달시킬 수 있어야 한다. 가장 중요하고 본질적인 감정이입 능력을 습득할 때도 아이는 장애를 입을 수 있지만, 이미 가지고 있던 감정이입 능력 역시 부수적으로 심각한 손상을 입을 수 있다. 가령 아이가 냉정하거나 잔인한 행동처럼 극단적인 경험을 하게 되면 그렇게 될 수 있다.

공명 반응과 감정이입 능력을 다양하게 배우려면 아이는 개인적으로 공감을 느낄 수 있는 경험을 할 필요가 있다. 사실 아이는 태어나는 순간부터 공감을 알게 되고, 이때부터 다른 능력이나 연습과 마찬가지로 공명 능력도 배워야 한다. 대략 한 살 반에서 두 살이 되면 아이는 놀이를 통해 감정적인 공명 반응의 모델을 알게 될뿐더러 이를 연습할 수 있는 가능성도 갖게 된다. 움직이고 운동을 하는 것이 아이의 신체 발달에 영향을 주듯, 놀이는 아이가 사람들의 행동양식을 연습하는 데 많은 영향을 미친다.

여러 가지 행동과 감정을 직접 체험할 수 있고, 다양한 역할을 해볼 수 있는 기회인 놀이는 아이들에게만 중요한 것이 아니다. 어른 역시 아이들의 놀이터와 같은 광장이 필요한데, 이 광장에서 그들은 사물을 보는 시각과 행동 스타일 그리고 감정도 시험하고 반응할 수 있다. 이와 같은 광장은 일종의 연극 무대이다. 신문의 문예란에 기사를 쓰는 엘리자베스 키더렌Elisabeth Kiderlen은 이렇게 쓰고 있다. "연극을 볼 수 있는 무대란 끊임없이 삶을 시험해볼 수 있는 곳이다. 극장은 가능성을 실험해보는 장소이자 무엇이든 시도해볼 수 있는 곳이다. 이곳에서는 그야말로 가능한 모든 일이 발생하고, 실패한 일도 일어난다. 극장이란 행동을 실험해볼 수 있는 살아 있는 장소이다." 이 표현은 아이들의 놀이를 완벽하게 정의하는 말이기도 하다. 따라서 새로운 견해와 다양한 행동양식을 시험해야 할 필요성은 어린 시절을 기점으로 끝나는 것이 아니다. 행동과 상호작용에 관한 목록은 우리가 사회 구성원으로 살아가며 거울 시스템이라는 신경생리학적 형식으로 보관하는 것으로, 처음에는 놀이를 통해 그리고 나중에는 다양한 문화적 교류를 통해 끊임없이 추가된다. 물론 평생 동안 우리는 이 목록에 있는 행동과 상호작용을 실천할지의 여부를 결정해야 한다. 빌헬름 슈미트Wilhelm Schmid의 철학적 관찰은 이처럼 살아가는 우리의 모습을 더욱 탁월하게 묘사하고 있다. 즉 인생이란 그 자체가 예술적이고 창의적인 행동으로서 지속적으로 만들어나가야 하는 놀이라는 것이다.

감정적 공명이 불가능할 경우: 자폐증이라는 문제

직감적으로 이해하는 능력과 감정적으로 공명 반응을 할 수 있는 능력은 동일한 수준으로 발달하는 것이 아니라 개인마다 다양하게 발달한다. 이렇듯 발달의 정도가 다른 까닭에 개성이라는 것도 나오고 사람들끼리 서로 만나게 되는 것이다. 감정적 공명이 부족하면 사람들과의 접촉이나 대화를 꺼리거나 심지어 전혀 하지 못하는 경우도 발생한다. 자신의 감정과 다른 사람의 감정을 인지하고 이를 반영하는 데 어려움을 겪는 현상을 전문가들은 '감정을 인지할 수 없는 상태'(Alexithymie: 그리스 어원으로, A는 부정을 의미하며, lex는 독서·인지, 그리고 Thymos는 감정이나 기분을 뜻한다. 그래서 전체를 해석하면 '감정을 읽거나 인지할 수 없는 상태'를 말한다—옮긴이)라고 한다. 감정적인 공명 반응의 장애가 심각해서 병적일 경우 이를 자폐증이라고 한다. 일상생활에서도 우리가 가끔 자폐라고 일컫는 사람이 있지만, 병적인 자폐는 그와는 달리 증상이 훨씬 심하다. 가령 자폐증 환자는 인간관계로 인해 피해를 입은 사람들로, 대화나 언어를 구사할 때 특별히 눈에 띄고, 흔히 행동도 다양하지 않으며 몇몇 행동만을 반복한다.

　자폐증을 앓고 있는 아이나 어른은 거울 능력에서 뚜렷한 결함을 보인다. 휴고 테오렛Hugo Theoret과 그의 동료들은 최초로 이와 관련한 실험을 실시하여 거울 장치의 손상을 확인할 수 있었다. 자폐증이 있는 두 살 된 아이의 경우, 즉석에서 표정을 지어 보이거나 몸짓을 흉내내는 능력이 현저히 떨어진다는 점을 관찰할 수 있었다. 또한 이 아이는 가까운 사람이 쳐다보는 방향으로 즉각 쳐다보는 능력(=공동 주의 집중)도 매우 뒤떨어졌다. 자폐아는 다른 사람의 처지나 상태가 되어 그들의 상황을 곰곰이 생각하기란 매우 힘들다. 이들은 주변 사람들의 감정을 인지하고 고려하는 능력에 심한 손상을 입은 경우로 '마음 이론'에 진지한 문제점을 던져준다. 이와 같은 이유로 자폐증 아이들은 감정상 중요한 연대감을 직감적으로 만들기가 매우 어렵거나 거의 불가능하다. 그들은 다른 사람들과 함께하는 세상에서 편안함을 느끼지 못하며 상호작용에 대한 이해력도 지능에 비해 상당히 뒤떨어져 있다. 실제로 자폐증에 걸린 많은 아이들—자폐증에 걸린 어른들의 특징이기도 하다—은 인간관계에서 부족한 능력을 다른 형태로 보완하기도 한다. 예를 들어, 이들은 월등하게 뛰어난 분석적 지성을 지니고 있어, 다른 사람들이 즉시 파악할 수 없는 것들도 금방 알 수 있다.

자폐 증상은 다양한 거울뉴런 장치들이 기능을 제대로 발휘하지 못하기 때문이라는 주장이 타당성을 얻고 있다. 물론 자폐아가 생물학적으로 그렇게 타고나는 것인지, 아니면 태어난 뒤 사람들과 대화를 교환할 기회가 적었기 때문인지는 분명하지 않다. 다른 신경심리학적 증후군의 경우에서처럼, 그 두 가지 모두 원인일 가능성이 있다. 즉 생물학적으로 약간이라도 부족한 조건을 가지고 태어났다면 부모나 그 외 가까운 사람들은 그 아이와 거울 반응을 하기가 어렵고, 반대로 정상적인 거울 장치를 가지고 태어났다 하더라도 어릴 때부터 사용하지 않으면 기능이 떨어지는 것이다. 유전적인 활동성, 신경생물학적 구조, 그리고 주변 환경으로부터 얻는 경험들은 끊임없이 상호 효과를 주고받는다. 이는 자폐성 장애에도 해당된다. 하지만 우리는 아이가 갖고 태어난 조건들은 변화시킬 수 없으므로, 그들이 거울 반응을 하고 풍부한 이해심으로 주변 세상을 체험할 수 있도록 최선을 다해야 할 것이다.

04

거울뉴런과 언어의 기원

우리 모두는 한때 프랑스 코미디언이었던 루이 드 퓌네Louis de Funès처럼 손을 활발하게 사용하지는 않지만, 그래도 어느 정도는 사용한다. 그런데 사람들이—어떤 경우에는 많이, 혹은 어떤 경우에는 적게—말을 하면서 손을 사용하는 이유는 무엇일까? 심지어 시각장애인도, 또한 시각장애인과 대화하는 상대방 역시 손을 사용하는 이유는? 거울신경세포들을 발견하고 나서 사람들은 이와 관련해 놀랄 만한 답을 얻게 되었다. 그중 하나는 행동과 언어 사이에 아주 밀접한 관계가 있다는 설명이다. 언어를 관장하는 신경세포망은 거울뉴런이 행동을 통제하는 뇌의 부위와 동일한 곳에 위치한다. 이 둘은 동일한 것일 가능성도 배제할 수 없다.[1] 언어는 인간이 진화하는 과정에서 분명 뇌의 운동 시스템으로부터 발달했을 것이다.

행동에 대한 상상을 전달해주는 언어

운동성 언어 영역은 뇌에서 행동에 관한 프로그램을 저장해두는 영역에 위치한다. 이와 같은 행동신경세포들은 동시에 거울뉴런이기도 하다. 즉 이들은 자신들이 프로그램으로 저장해둔 행동을 스스로 실행하고자 할 때뿐 아니라, 다른 사람이 그 행동을 하거나 혹은 그런 행동을 하는 것 같은 소리만 듣고도 신호를 보낸다. 행동신경세포들은 어떤 행동을 인지할 뿐 아니라, 그에 관해 언급만 하더라도 공명 반응을 일으켜 우리 스스로 행동을 할 때와 마찬가지로 신호를 보낸다. 다른 사람의 행동을 직감적으로 이해하는 우리의 능력은 바로 그와 같은 거울 효과 덕분이다. 요컨대 우리는 다른 사람의 행동을 즉각 스스로 모의실험함으로써 알게 되는 것이다. 언어도 이와 같은 공명 장치의 한 부분으로, 이 장치를 통해—다른 사람의 행동을 관찰한 결과로써—우리 스스로 행동의 시나리오를 접하게 된다. 따라서 언어의 현상학적 능력은, 그러니까 신속하고도 직감적으로 이해하는 능력은 바로 거울뉴런 효과를 바탕으로 생겨난다.

거울뉴런을 통해 전달되는 공명이 없다면, 언어는 우리가 상상하는 것을 다른 사람에게서 비추어볼 수 있는 뛰어난 수단이 아닐 것이다. 다른 사람들은 우리가 표현하는 언어를 듣고 우리가 상상하는 그림을 떠올리며, 이를 통해 상호 이해할 수 있다. 이는 언어란 뛰어난 직감적·암시적 잠재력을 활용한다는 뜻이다. 언어 영역은 전운동피질에 있으므로, 원래 언어란 행동 혹은 일련의 행동에 관한 사고를 서술한다고 보면 될 것이다. 즉 거울 효과를 통해 말하는 사람으로부터 듣는 사람에게 즉각 전달되는 행동이나 일련의 행동을 소리내어 생각하는 것이 언어인 셈이다. 언어와 행동의 관계는, 언어가 행동을 대체할 수 있다는 점에서 나타난다. 언어는 감춰진 행동 잠재력을 전달해주며, 그 같은 잠재력이 지닌 힘은 흔히 감지할 수 있다. 말을 한다는 것은 행동에 대한 상상을 서로 교환하는 것만을 의미하지 않기 때문이다. 사람들이 우리에게 말하는 내용은 우리를 '움직이고' 자극하고 변화시킬 수 있다. 모두가 알고 있듯이, 언어란 행동으로 옮길 수 있는 효과가 있으며, 그런 점에서 행동과 동의어라 할 수 있다. 그래서 어떤 사람의 말을 듣고 그에게 '한 방 맞았다'는 표현을 할 수 있는 것이다.

처음에는 소리와 움직임, 다음은 언어와 행동:
아이가 언어를 배우는 과정

언어가 행동을 상상하는 것으로부터 나오는지, 즉 운동의 산물인가 하는 문제는 좀더 폭넓은 기준으로 분석해봐야 한다. 우선 행동하기 이전의 단계와 언어를 구사하기 이전 단계 사이의 관계를 한번 보기로 하자. 이를테면 목표가 정해지지 않은 운동과 언어가 아닌 소리로 발설하는 단계를 살펴보는 것이다. 그러기 위해서 우리는 언어가 발달하기 전의 단계, 즉 태어난 지 얼마 되지 않은 갓난아이를 대상으로 삼아야 한다. 이런 아이들에게서 우리는 무엇을 관찰할 수 있을까? 태어난 지 6개월에서 8개월이 된 아이는 손을 휘두르거나 찰싹 소리를 내기 시작한다. 이제 아이는 자신이 통제할 수 없는 운동을 리듬이 있는 움직임으로 만들 수 있는 능력이 발달한 것이다. 이와 동시에 아이는 '다-다'와 비슷한 발음을 반복한다. 이렇듯 운동과 발음이 나란히 발달하는 것은 여기에서 끝나지 않는다. 8개월에서 10개월이 되면 아이는 운동 영역에서 처음으로 그 뜻을 쉽게 알아볼 수 있는 단순한 몸짓을 할 수 있기에 이른다. 가령 아이는 어떤 물건을 가리키거나 윙크를 한다. 이와 동시에 언어 영역에서 아이는 최초로 의미가 있는 발음, 예를 들어서 '저기!'와 비슷한 소리를 낸다. 그리고 지금까지 몰랐던 행동을 모방하게 되면, 아이는 이전에는 몰랐던 말도 따라할 수 있는 수준이 된다.

그 다음 발달 단계를 관찰해보더라도, 몸의 움직임과 발음 사이의 밀접한 관계는 행동의 가능성과 언어가 공동으로 만들어낸 결과라는 사실이 드러난다. 즉 11개월에서 13개월이 되면 아이는 어떤 대상을 인지하게 되었다는 사실을 몸짓으로 보여주기 시작한다. 운동 영역의 차원에서 이른바 통상적인 몸짓을 하는데, 아이는 몸의 움직임으로 어떤 대상에 속한 행동을 보여주는 것이다. 예를 들어 아이는 전화기를 귀에 대거나, 빗을 머리에 대고 혹은 잔을 입에 댄다. 이와 동시에 언어 영역에서 아이는 이름이 있는 단어를 발음하기 시작한다('고양이!'). 아이들이 최초로 일상적인 몸짓을 하고 이름이 있는 단어를 말하기 시작하는 때는 서로 밀접하게 관련이 있다. 미국의 발달심리학자는 다음과 같은 의미심장한 말을 한 적이 있다. "일찍부터 일상적인 몸짓을 보여주는 아이는 사물의 이름을 일찍 부르는 경향이 있다." 여기에서 끝이 아니다. 다시 말해, 아이가 몸짓으로 보여주는 대상이나 행동은 아이가 명명하는 대상이나 행동과 동일하다.

오른손잡이와 왼쪽 언어 능력

아이가 태어나서 1년이 되기까지 보여주는 운동성 행동과 언어 사이의 연관성은 계속 이어진다. 즉 늦어도 13개월째부터 오른손을 사용하는 아이의 손동작은 오른손에 하중이 실린다는 것을 분명하게 보여준다. 오른손잡이의 경우 오른손의 움직임을 관장하는 곳, 즉 왼쪽 대뇌반구에 언어를 담당하는 언어 중추가 있다. 설명을 하자면, 신경섬유는 척추에서 대뇌피질로 가는 길에 교차를 하기 때문에, 오른쪽 신체의 움직임과 행동을 관장하는 운동성 신경세포는 왼쪽 대뇌반구에 있게 된다. 따라서 신체의 오른쪽을 관여하는 행동 계획은 왼쪽 전운동피질이 담당하고 언어 중추 역시 이곳에 있다.

한 살배기 아이가 몸의 오른편을 많이 사용한다면, 왼쪽 대뇌반구의 전운동피질 하부에서 행동을 시키며, 이 영역에 언어를 관할하는 영역이 있다는 의미다. 왼손잡이의 경우에는 반대로 생각하면 된다. 그 밖에도 시간이 지나면서 아이가 일상적인 몸짓을 하는 횟수는 줄어들지만 반대로 언어 능력은 발달한다. 한 단계씩 한 단계씩 언어는 몸짓을 대신하며 몰아낸다. 언어가 폭넓게 자리를 잡으면 아이는 상태, 대상, 행동 등을 점점 언어로 표현할 수 있게 된다. 하지만 몸짓은 평생 언어를 동반해주는 음악이다.

아이의 발달 과정에서 알 수 있듯이, 언어는 텅 비어 있는 정신이라는 공간에서 발전하지 않는다. 오히려 신체를 움직이는 운동성 행동과 언어 습득은 나란히 발전하는 편이다. 아이는 오로지 인간관계라는 맥락 속에서만 행동할 수 있고 언어도 구사할 수 있는 것이다. 그러므로 아이가 태어났을 때 그 아이는 자기와 가까운 사람들을 신체로 느낄 수 있어야 한다. 그렇게 해야만 아이가 최초로 운동성 경험을 할 수 있다. 훗날 이들은 아이에게 하나의 모델이 되는데, 이 모델에 따라 아이는 대상물을 이용하는 방법과 세상에서 행동하는 방법을 인지할 수 있다. 인간관계란 아이가 운동 능력을 시험하고 발전시킬 수 있는 행동 공간이자 상호작용 공간이며, 이 공간을 개척할 수 있는 가능성은 놀이를 통해서 이루어진다.

놀이를 할 때도 행동과 언어의 밀접한 연관성이 나타난다. 즉 대략 18개월이 되면 아이는 행동을 논리적인 차례로 연결할 수 있다. 이는 놀이를 하기 위해 반드시 필요한 전제 조건이기도 하다. 가령 아이가 잔을 만지다가 입으로 가져간다고 하자. 이런 행동을 할 즈음이면 아이는 언어상으로도 놀라운 발전을 이루어, 낱말을 보충하고 서로 의미 있는 낱말들을 조합하기 시작한다. 아이는 이렇게 하는 데 필요한 낱말들을 미리 알고 있다. 즉 이 무렵의 아이에게는 어휘의 수가 기하급수적으로 늘어난다. 운동과 언어의 상호관계가 좀더 폭넓고 완벽하게 이루어지는 시기는 이보다 나중에 나타난다. 즉 두 살에서 두 살 반에 이르면 아이는 놀이를 하면서 한 가지 대상을 가지고도 건물, 탑, 혹은 다른 건축물을 창조할 수 있다. 이 시기의 아이는 언어상으로도 문법을 활용하여 낱말들을 문장으로 만들기 시작하고 이로써 진정한 의미에서 언어를 구사하기에 이른다.

언어를 배우는 과정의 아이를 보면 알 수 있듯이, 세상에 대한 아이의 이해력뿐 아니라 언어도 행동과 행동에 대한 상상력과 직접적인 관계가 있다.[2] 언어란 단순히 추상적 개념을 모아둔 집합이 아니며 생명이 없는 세상에 존재하는 대상에 달아놓은 꼬리표도 아니다. 언어는 행동 혹은 행동의 가능성, 그리고 여기에 속하는 생물적 행위자의 감각적 경험을 토대로 한다. 여기에서 말하는 감각적 경험이란 그 행동에 속하는 감각을 경험으로 얻은 결과를 말한다. 언어가 다루는 일차적이자 본질적인 대상은 살아 있는 행위자가 이 세상에서 행동하는 방식, 다른 사람과 상호작용할 수 있는 방식, 그리고 이때 행위자가 느끼는 감정을 재생하고 서술하는 것이다. 그러므로 아이는 인간관계로부터 행동과 상호작용을 경험할 때 언어를 배울 수 있다. 인간관계가 아닌 다른 영역, 가령 텔레비전의 화면은 전혀 도움이 되지 않는다. 좋은 인간관계가 형성되어 있지 않다면 언어 능력을 발전시킬 수 있는 필수 조건이 없다는 뜻이다.

직감적인 이해는 언어가 필요하지 않다, 하지만: 이해가 없으면 언어도 없다

우리는 거울세포 장치 덕분에 언어 없이도 행동을 이해할 수 있다. 하지만 반대로 언어는, 즉 이해한 행동의 표현인 언어는 행동에 대한 상상력이 우선하지 않으면 불가능하다. 이는 '행위상실증'〔apraxia: 운동계 마비나 실조(失調)가 없고 감각신경 이상이나 정신 장애도 없는데, 목적하는 운동이나 행위의 수행이 곤란한 증세—옮긴이〕을 앓고 있는 사람들에게서 잘 나타난다. 이들의 운동 기관은 하등의 결함이 없음에도 행동의 순서를 계획하지 못하고 또 실행하지도 못한다. 이런 사람들은 언어 기관에 아무런 결함이 없음에도 실어증으로 고생하는데, 즉 언어로 표현하는 능력이 현저하게 떨어진다. 하지만 그와는 반대로 행동을 이해하는 능력은 언어장애 혹은 실어증이 있더라도 전혀 손상되지 않는다.

언어에 속하는 행동에 대한 상상과 언어가 서로 모순될 경우, 사람들은 약속을 신뢰하지 않는다. 그러나 유감스럽게도 그와 같은 모순은 일상에서 쉽게 눈에 띄지 않는다. 다음과 같은 실험에서 매우 흥미로운 결과가 나왔다. 이 실험은 우리가 말할 때 사용하는 몸짓이 행동에 대한 상상을 일부분 서술하고 있다는 가설을 뒷받침해준다. 피실험자들에게 눈으로 쉽게 발견할 수 있는 어떤 장비의 기술적 결함을 손동작으로 지시해보라고 했다. 먼저 생각을 해보고, 그 다음 이 결함을 아직 찾지 못한 피실험자들에게 문제를 어떻게 해결할 수 있는지를 분명하게 설명하라고 했다. 그리고 문제를 아직 해결하지 못한 피실험자들은 문제를 해결한 사람들의 설명을 주의 깊게 듣고, 말하는 내용과 손동작이 서로 부합하는지를 평가해야만 했다. 그 결과, 몸짓과 언어가 일치하지 않으면 피실험자들은 문제를 해결하지 못했다.

언어의 산물이 행동의 과정과 모순되면, 행동하는 사람이 그 행동을 실행할 때 방해를 받을 수 있다는 사실은 결코 농담이 아니다. 많은 실험을 통해 밝혀졌듯이, 사람들은 행동과 반대되는 말을 들으면 그 행동을 쉽게 옮기지 못한다. 예를 들어, 커다란 글씨로 '아래로'라고 써 있는 종이가 있으면 피실험자들은 높은 곳에 있는 물건을 잘 잡지 못한다.

언어에서도 행동에 대한 상상과 감각은 일체이다

우리는 언어가 행동에 대한 상상과 맺고 있는 신경생리학적 관계와 발달심리학적 관계로부터, 언어란 감각보다는 행동을 우선으로 한다는 인상을 받을 수 있다. 이것이 어느 정도 맞는 말이지만 다음의 사실을 잊어서는 안 된다. 즉 전운동피질의 하부에 위치한 신경망들은 행동을 부호화하는 영역으로, 이곳은 감각에 대한 상상을 저장해두는 영역, 즉 두정엽 하부에 있는 신경세포들과 지속적으로 연계되어 있다. 행동에 대한 어떤 상상일지라도 이에 속하는 감각이 동시에 활성화되는데, 이를테면 행동으로 인해 신체의 감각이 활성화되는 것이다. 이는 언어에도 그대로 적용된다. 즉 신경생물학적으로 볼 때 언어는 행동을 상상하는 영역에만 있는 것이 아니다(바로 이곳에서 언어는 한 가지 행동에 상응하는 감각과 감정의 회로와 연결된다). 언어 형성 중추(이른바 브로카 영역)는 전운동피질의 하부에 위치하고, 그 곁에 언어 감각 혹은 언어 이해를 담당하는 영역이 있다(이른바 베르니케 영역).

우리가 일상에서 경험하듯이, 언어를 매개로 나타나는 거울 현상은 청자에게 행동에 대한 생각을 활성화시킬 뿐 아니라, 신체의 느낌도 강렬하게 불러일으킨다. 다른 사람이 하는 말을 들으면 거울 장치를 거쳐 행동과 감정에 대한 상상이 만들어지기 때문에 이는 우리가 다른 사람에게 말하는 내용이 강력한 암시적 효과를 발휘하며, 말을 듣는 사람의 상태에 긍정적이든 부정적이든 영향을 미친다는 뜻이다. 이 같은 암시적 효과는 독특하지만 보편적 언어인 음악이 가진 효과와 비슷하다.

05

내 안에 너의 그림이,
네 안에 나의 그림이 들어 있다:
거울 반응과 정체성

한 사람이 우리가 인지할 수 있는 영역으로 들어오면, 그가 의도하지 않더라도 그리고 우리가 원하거나 원치 않더라도 그는 우리의 신경생리학적 공명을 불러일으킨다. 그의 다양한 태도, 이를테면 눈길, 목소리, 모방하는 표현 등과 구체적인 행동들로 인해 우리는 폭넓게 거울 반응을 하게 된다. 공명 현상이 일어나면 신경 세포망이 작동하는데, 이 세포망은 방금 다른 사람을 관찰했지만 마치 우리가 동일한 행동을 한 것처럼 작동한다. 이때 활성화되는 세포망은 전운동피질에 위치한 세포들로, 이는 행동을 계획한다.

그리고 신체 감각과 관련되는 세포망 역시 작동하는데, 이 세포 덕분에 우리는 행위자가 행동을 하면서 어떻게 느끼는지를 감지할 수 있는 것이다. 후자는 뇌에 있는 감정 중추[1]와 연결되어 있다. 즉 여기에도 거울신경세포들이 있는데, 이는 우리가 모의실험의 형태로 다른 사람의 감정과 느낌을 감지할 수 있게 해준다.[2] 거울신경세포로 인한 공명 현상이란, 다른 사람의 행동 의도, 감정이나 느낌을 스스로 감지함으로써 다른 사람을 직감적으로 이해하는 것을 의미한다.

우리가 살고 있는 사회에 속해 있거나 혹은 우리와 삶의 일부분을 공유하는 사람을 만날 경우, 그가 어떤 상태인지를 어렵지 않게 느낄 수 있다. 우리와 가까운 사람들이 불러일으키는 공명의 모델은 순식간에 우리에게 저장된다. 이 같은 모델은 그 사람의 내적인 초상을 만들고 또한 그 사람의 생생한 특징들로 이루어져 있다. 즉 그의 상상, 감정, 신체의 느낌, 그리움과 감성 등이다. 그처럼 우리와 가까운 사람들을 대표하는 내적인 전형을 가지고 있다는 것은 우리의 내부에 다른 사람이 들어 있다는 의미가 된다. 우리는 이미 그 전에 한 사람을 품고 있는데, 즉 우리 자신의 신경생리학적·심리적 전형이다. 자신에 대한 전형은 우리가 스스로에 대해서 알고 있는 정보뿐 아니라, 수년 동안 다른 사람이 우리를 체험하고 우리를 특정한 사람으로 간주한 정보의 총집합이기도 하다. 따라서 우리 자신과 우리가 확실하게 품고 있는 다른 사람의 전형은 독특한 형태로 상호 영향을 미친다. 이보다 더 중요한 문제는, 우리가 어떻게 이 두 가지 전형을 함께 유지하느냐의 문제다.

물론 전형이란 단지 우리 뇌가 만들어낸 구성물에 불과해서 실제의 그 사람과 일치하지 않을 수도 있다(우리가 실제로 어떤 사람인지를 객관적으로 말해줄 수 있는 기관은 없다).[3] 그렇지 않다면 우리는, 우리 스스로가 생각하는 그런 사람이 아니라는 말을 자주 듣지 않을 것이다. 다른 사람들도 우리에게 자주 하는 말이 있다. 이를테면, 그들은 우리가 생각하는 그런 사람이 아니라는 말을 하고는 한다. 철학자 마틴 부버Martin Buber에 따르면, 두 사람이 만나는 것은 '두 명의 살아 있는 존재와 여섯 명의 유령'이 만나는 것과 다름 없다고 한다.[4] 신경생리학적 측면에서 보면 두 사람의 만남은 여섯 사람, 아니 적어도 네 사람이 참여하는 것이 된다. 1. 각자가 자신의 내부에 가지고 있는 스스로에 대한 전형으로 인지하는 두 명(즉 두 사람이 믿고 있는 자신의 모습). 2. 두 사람이 상대의 전형으로 품고 있는 두 명(상대가 어떤 사람일 것이라고 믿는 모습). 3. 눈앞에 있는 물질인 존재로서 두 명(이 두 명은 전형에 속하지 않고 상대의 눈에만 비치기 때문이다). 정신연구가로 유명했던 오토 F. 케른베르크Otto F. Kernberg는 한때 강의실을 꽉 메운 대학생들에게 이런 말을 해서 웃음을 터뜨렸다. "만일 두 사람이 함께 잠을 자면, 적어도 네 명 혹은 그보다 더 많은 사람이 동침하는 것 이라네."

현대적인 사진 촬영 기법으로 뇌 활동을 관찰해보면, 한 사람의 뇌는 다양한 신경세포에서 나오는 그림으로 나타난다.[5] 즉 전운 동피질 하부(행동 의도), 두정엽 하부(신체 감각과 자아에 대한 폭넓은 감정), 뇌섬엽(insula: 신체 상태에 대한 약도), 편도핵(amygdala: 공포 느낌)과 대상회(삶의 기본적인 감정, 자아에 대한 감성적 느낌)의 그림이다. 이 영역들은 다른 사람과 자신에 대한 초상 및 전형들을 만들어내는 곳이다. 신경생리학적으로 보면, 우리는 매우 혼란스러운 상태에 있다는 것을 알 수 있다. 다시 말해, 우리는 신경세포망을 통해 스스로를 한 사람으로 인식하지만, 동시에 이 세포망을 통해—거울 시스템이라는 성격을 지니고—다른 사람에 대한 상상을 갖게 되는 것이다.

거울뉴런이라는 장치 속에서 두 가지를 만나게 된다. 하나는 우리가 스스로에 대해 가지고 있는 상상이며, 다른 하나는 다른 사람에 대해 우리가 만드는 그림이다. 그렇듯 거울신경세포들은 뉴런으로 이루어진 틀이라고 보면 되는데, 이것을 통해 우리는 우리 자신뿐 아니라 다른 사람을 인지하거나 상상한다. 거울뉴런들이 작동하는 방식을 보면 우리가 어떤 방식으로 다른 사람을 이해하는

지 알 수 있다. 즉 한 사람을 체험한다는 것은 그 사람에게 부합하는 어떤 것을 우리 안에 활성화시킴으로써 가능하다. 우리가 직접 어떤 행동을 하거나, 다른 사람이 그 행동을 하는 모습을 우리가 관찰하면 거울뉴런이 신호를 발산한다. 예를 들어, 우리가 기쁨이나 공포와 같은 감정을 느끼면 거울뉴런이 작동하는데, 그와 동일한 감정을 다른 사람이 느끼는 모습을 볼 때도 역시 거울뉴런이 활성화되는 것이다. 하지만 공명 현상의 효과는 여기에서 그치지 않는다. 요컨대, 거울뉴런의 활성화는 우리를 실제로 바꾸기도 한다. 가령 다른 사람의 기분이 좋거나 혹은 나쁘면, 우리도 그 영향을 받아 기분이 바뀌게 된다. 다른 사람의 기쁨, 고통, 공포, 역겨움 등은 우리에게서 기쁨, 고통, 공포, 역겨움 등을 유발하는 것이다.

뇌는 자신과 타자를 어떻게 구별할까

일상에서 우리가 당연한 것으로 간주하는 많은 경우처럼, 자아와 타인을 구별할 때에도 그 능력을 잃어버린 사람을 보면 그것이 얼마나 중요한지 깨닫게 된다. 이런 일은 특정 정신질환의 경우에 일어나며, 가령 마약을 복용한 다음 일어나는 혼란 상태나 정신병을 앓고 있는 사람들에게서 볼 수 있다. 여기에서 의미심장한 질문을 던져볼 수 있다. 만일 우리의 자아와 다른 사람에 대한 신경 생리학적 틀이 동일하다면, 우리의 뇌가 그 둘을 구별할 수 있도록 해주는 것은 무엇일까? 자신의 체험과 다른 사람을 서로 혼합해서 정체성 혼란이 발생하는 경우를 방지하려면 어떻게 해야 할까? 현대 신경생리학은 수년 전부터 이 문제를 해명하려 노력하고 있다. 그리하여 이들은 최초의 답을 찾아냈다.

뇌가 어떻게 자신과 타인을 구별하는지에 관한 의문은 현재 완전히 해결되지는 않았다. 지금까지의 연구 결과, 특히 장 드스티 Jean Decety를 중심으로 한 연구원들이 내놓은 결과에 따르면, 뇌는 자신에 대한 상상과 다른 사람의 그림들을 각각 다른 대뇌반구에 넣어둔다고 한다. 만일 자아가 계획하고 행동하려는 의도가 있거나 실제로 행동을 하면, 왼쪽 대뇌반구가 지휘를 한다. 자신의 행동은 왼쪽 대뇌반구가 대표가 되어 담당하는 것이다. 반대로 다른 사람의 상상은 오른쪽 대뇌반구에서 담당한다. 오른쪽 대뇌반구에서 하는 일 가운데 신체 정보를 모으는 일도 있는데, 그러면 자신의 신체에 관한 내용도 들어간다. 하지만 이 경우는 스스로 행동을 하지 않은 경우이다. 만일 스스로 행위자가 되면 즉시 왼쪽 대뇌반구가 지휘한다.

이 문제를 해결하기 위해서는 부분적으로 매우 까다로운 실험이 필요하다. 사실 핵자기공명 촬영으로 피실험자들을 관찰해, '자신이 움직이고 행동하는' 상황이 벌어지면 뇌의 어떤 부분이 활성화되고, 또한 '다른 사람이 활동하는' 상황에서는 뇌의 어떤 영역이 활성화되는지를 조사하기란 간단치 않다. 가령, 실험 중 피실험자에게 화면에 나타나는 손가락의 움직임을 따라해보라고 요청했다. 이 상황은 '뭔가 따라하지만, 내가 행동한다'는 경우에 해당하고, 이때 왼쪽 대뇌반구가 활성화되었다. 그리고 예상한 대로 전운동피질 하부와 두정엽 하부, 그러니까 행동과 감정을 관할하는 뉴런들이 위치한 곳이 활발하게 반응했다.[6] 이 실험을 마친 뒤 핵자기공명 촬영실에 누워 있는 피실험자에게, 다른 사람이 따라할 수 있도록 손가락을 한 번 움직여보라고 요청했다. 그리고 핵자기공명 촬영실에 누워 있는 피실험자는 화면을 통해 다른 사람이 손가락의 움직임을 따라하는 모습을 관찰하게 했다. 이 상황은 '뭔가 따라하지만 다른 사람이 행동한다'는 것을 의미했는데, 이번에는 시험 대상자의 오른쪽 대뇌반구, 즉 전운동피질 하부와 두정엽이 위치한 곳이 활성화되었다.[7]

이처럼 자아가 행동하는 사람이 될 경우에 한해서만 왼쪽 대뇌반구가 활성화되는 것을 볼 수 있다. 이와 같이 왼쪽 대뇌반구가 행동을 선별해 활성화되는 것은, 곧 자아와 관련된 문제라는 점을 뇌가 인지한다고 통지하는 것이다. 이와는 반대로 오른쪽 대뇌반구는 사람에 관한 일반적인 전형들을 저장하는 곳으로 보인다.

자아와 타자를 구별할 때 장애가 발생할 수 있다. 오른쪽 대뇌 반구의 결정적인 부분[8]이 없어지면, 가령 부상을 당했을 경우 신체와 관련된 상상이 전혀 만들어질 수 없다. 즉 오른쪽 대뇌반구에 손상을 입은 사람은 다른 사람뿐 아니라 자신의 신체를 인지하는 데도 장애를 보인다. 반대로 건강한 사람의 경우, 오른쪽 대뇌 반구의 결정적인 부위[9]에 전기적인 자극을 주어 활성화시키면, 이 부위는 자신의 신체에 대해서 강렬한 인상을 발산한다. 물론 이때 자아라는 느낌은 없고, 자신의 신체를 마치 외부에서 관찰하는 것 같다. 이는 마약을 복용하거나 정신질환을 앓는 사람들의 상태와 비슷하다. 이 상태에 있으면, 흔히 자신의 신체가 활발하게 움직이고 있지만 스스로 통제할 수 없다는 인상을 갖게 된다. 실제로 그와 같은 사람들의 오른쪽 두정엽을 관찰해보니 격렬하게 활성화되는 것을 볼 수 있었다.

왜 다른 사람의 행동과 태도를
모두 모방하지 않을까

우리가 다른 사람들에게서 관찰할 수 있는 행동과 태도를 모방하는 것은 거울뉴런을 통해 전달되는 충동, 이른바 인간이면 누구나

지닌 기본적인 충동이다. 특히 유아와 어린이들은 이런 충동을 억제할 수 없다. 즉 이들은 가까운 사람이 바라보는 대상을 직감적이고도 자동적으로 모방하려 한다. 아이는 모방을 최초의 대화 수단으로 이용할 뿐 아니라, 모방함으로써 학습 경험을 할 수 있다. 대략 18개월이 지나면, 아이는 이미 신경생리학적 성숙 단계에 이르러 저지하는 장치가 작동하고, 이로써 아이는 모방하는 경향을 점점 통제하기 시작한다. 직감적인 거울 현상과 모방 현상을 통제하는 능력을 담당하는 곳은 전두엽의 특정 부분이다. 이 부분에 손상을 입거나 장애가 생긴 사람들을 관찰해보면 그와 같은 사실이 분명하게 드러난다. 또한 정신질환을 앓는 사람들의 경우에도 마찬가지다.[10]

하지만 사람들은 커서도 흔히 모방하는 경향을 기본적으로 지니고 있다. 그리하여 일상생활에서 자주 볼 수 있는 많은 태도들도 연구의 대상이 되었다. 특히 상대에게 호감을 가지거나 그와 같은 생각을 하면, 우리는 알지 못하는 사이에 그 사람이 취하는 행동을 따라한다. 예를 들어, 다른 사람이 하품을 하면 따라하는 것이다. 그렇듯 우리는 무의식적으로 상대의 인상을 반사하고, 머리를 긁적인다거나 다리를 꼬는 행동과 같이 상대의 특정 태도를 모방한다. 또한 가끔 건강한 성인도 거울뉴런을 통제하는 장치가 정상적으로 작동하지 않는 특정 상태에 빠질 수 있다. 그와 같은 상태란 예를 들어 사랑이다.

요약

우리의 뇌는 행동하고 느끼는 사람에 대한 내적 그림을 잔뜩 모아서 활용한다. 이런 수집품은 오른쪽 대뇌반구에 있는 것으로 보인다. 우리가 어떤 사람을 보거나 체험할 때 얻는 그 사람의 전형적인 행동이나 감정 중 일부분은 그 사람에 대한 내적인 전형에 포함될 수 있다. 또한 자신의 신체에 대한 상상들—자신의 신체가 적극적으로 행동하지 않는 한—도 오른쪽 대뇌반구 지역에 저장되어 있다. 한 사람에 대한 총체적인 그림 혹은 총체적인 전형은 바로 여기 오른쪽 대뇌반구, 구체적으로 말하면 두정엽 하부에 들어 있는 것이다. 우리의 뇌는 전형적으로 사람들이 처할 수 있는 상황에서 나타나는 감정, 그리고 이런 전형적인 상황에서 기대할 수 있는 감정들을 오른쪽 대뇌반구에 저장하고 있다는 사실이 실험을 통해 밝혀졌다. 처음에 오른쪽 대뇌반구는 자아와 타인을 전혀 구분하지 않는다. 하지만 자아가 행위자가 되면, 이를 담당하는 것은 왼쪽 대뇌반구가 된다.

우리는 신체로 실행하는 행동에 대해 다른 사람들과 공통된 상상을 가지고 있어야 한다. 이런 조건이 구비되어야만 인간으로서 서로를 체험하고, 우리의 행동·목표·감정 등을 직감적으로 이해(지적이고 분석적인 사고 이전에)할 수 있는 것이다. 그리하여 우리가 다른 사람을 인지하는 순간, 그 사람은 우리의 뇌에 있는 피아노 건반을 두드리기 시작하는 것과 같다.

06

열정과 거울 장치:
연애와 사랑

자신에게 기쁨을 주는 모든 것을 의심하는 태도는 특히 혼자서는
기뻐할 수 없는 사람들에게서 흔히 볼 수 있다. 사랑을 할 때도 그
러하다. 그들은 타인과 사랑에 빠지면 그렇듯 어리둥절해 하거나
도저히 믿을 수 없다는 생각을 하기도 한다. 이럴 경우 정신과의
사에게 충고를 구해야 할까? 우리의 거울뉴런이 다루기 어려운
문제가 바로 사랑이라는 것은 의심할 여지가 없다. 사랑이란 신경
생물학적 공명과 심리적 공명에 속하기는 하지만, 매우 격렬하고
도 마법과 같은 형태다. 다른 사람을 직감적으로 받아들이거나 그

들의 감정을 즉각 함께 느끼고 그 느낌을 반영할 수 없는 사람은, 사랑을 할 때도 어려움이 많다. 이 장에서 나는 사랑을 신경생리학적으로 분석할 의도는 전혀 없다. 오히려 거울뉴런의 능력은 인간이 할 수 있는 경험 가운데 가장 심오하고 행복한 경험에 속한다는 사실을 보여주고자 한다. 우선 거울세포들이 사랑을 가능하게 하는 방법을 살펴보기로 하자.

연애는 대체로 적절한 타이밍에 일어난다

거울 효과는 이미 사랑을 시작하는 단계, 그러니까 연애 시절부터 나타난다. 두 사람의 감정이 사랑으로 확인되면 즉각적이자 직감적으로 거울 반응이 일어나며 그 밖에 다른 어떤 생각도 필요하지 않다.[1] 즉 두 사람은 시선을 교환하면서 공통된 관심사를 느끼고 있다는 점을 보여준다. 이처럼 특수한 형태의 '공동 주의 집중'은 두 사람이 공통적으로 어떤 것에 관심이 있다는 점을 의미한다. 이때 두 사람은 상대에게서 보이는 특별한 '순간'을 느낀다.[2] 이 놀이가 지속되기 위해 결정적으로 중요한 것은, 상대의 시선에 시선으로 응답하는 순간 공명 반응이 나타나는가 하는 점이다. 공명의 순간은 순식간에 직감적으로 서로 일치한다는 인상으로 나타나므로, 흔히 두 사람도 이를 놓칠 수 있다. 그러므로 제3자는 당연히 그런 순간을 놓치기 마련이다. 상대의 느낌이나 그가 처한 상태에 동의한다는 의사를 전하는 방법은 여러 형태가 있지만, 가령 무의식적이고 즉각적으로 흘러나오는 미소도 그중 한 가지다. 하지만 여기에서도 중요한 것은 공명이다. 다시 말해, 두 사람 가운데 한 사람이 몹시 슬픈 상태에 있다면―물론 공공연하게 슬프다고 표현하지는 않지만 직감적으로 알 수 있다―이는 또 다른 형태의 일치에 속한다. 이 경우, 예를 들어 상대는 몸짓으로 자신도 그 슬픔에 어느 정도 동참하고 있다는 표현을 한다.

연애를 하는 사람들은 이른바 카멜레온 현상의 매우 특수한 형태라 할 수 있다. 그리하여 한 사람은 무의식적으로 상대가 방금 했던 행위를 반영하는 경향이 있는데, 가령 손으로 머리를 만진다거나 다리를 꼬는 행동에 반응하는 것이다. 여기에서 중요한 것은 두 사람이 무엇을 하느냐가 아니라, 두 사람에게 어떤 행동이 공통적으로 나타난다는 것, 즉 공명 현상이 나타난다는 것이다. "연애는 대체로 적절한 타이밍에 일어난다"는 말은 유아를 연구한 학자[3]가 한 말인데, 언뜻 들으면 조금 이상하지만 알고 보면 그렇지도 않다. 사랑하는 사람들―의도나 계획 없이―사이에서 일어나는 많은 일은 어머니와 유아 사이에 일어나는 '대화 기능이 있는 춤'과 비슷하기 때문이다. 유아 연구가인 메히트힐트Mechthild

Papousek와 하누스 파푸세크Hanus Papousek, 그리고 앤드루 멜초프 Andrew Meltzoff와 그의 조교들이 그렇게 말하고 있다. 우리가 성장해 직감적인 접촉을 하는 데 필요한 것들이 이미 유아 시절부터 싹트는 것이다. 저자이자 심리치료사인 이름트라우트 타르Irmtraud Tarr가 정확하게 지적하고 있듯이, "한 사람에게서 뿜어나오는 광채는 갓난아이 때부터 시작해 죽을 때까지 지속되는 대화의 결과이다."

사랑과 관련해서 거울뉴런이 발휘하는 기능은 연애 시절에 끝나지 않는다. 사랑을 하는 가운데 중요한 순간들은, 우리가 사랑하는 사람의 상태·감정·바람을 인지하고, 이를 반영해 몸짓이나 행동으로 반응을 보내고, 그리하여 이런 저런 공명과 호감을 감지하는 일들로 이루어져 있다. 이런 과정들은 그야말로 직감적으로 진행되므로 그 어떤 노력이나 사고 혹은 의지와 상관없이 이루어진다. 사랑을 할 때는 특히 우리의 신경학적 네트워크가 강렬하게 활성화된다. 그리하여 상대가 현재 무엇을 느끼고 혹은 어떤 상태인지 거울 효과를 통해 인지한 뒤 우리도 한껏 반응하게 된다.

사랑의 비밀은 상대와 일치하려는 예술, 그러니까 많은 연습이 필요 없는 즉흥 예술처럼 보인다. 이 과정에는 두 가지가 필요하다. 우선 사랑하는 사람의 상황을 알고, 그에게 무슨 일이 일어나고 있는지를 감지하는 능력과, 두 번째로 상대에게서 받은 공명을 잘 표시해두려는 자세이다. 즉 사랑하는 사람에게서 받은 공명 반응에 자신이 내용을 보충하는 것이다. 이는 기쁜 상태에는 물론 슬픈 상태에도 해당된다. 이 문제에 호기심을 가졌던 연구가들은, 부부 사이가 좋은 여성들을 골라 그들의 손에 고통을 가하는 실험을 해보았다. 핵자기공명법을 통해 여성들의 뇌 활동을 읽을 수 있었다. 두 번째 과정에서, 여성들은 아무런 자극 없이 그대로 두고 작은 비디오 화면으로 그녀들의 남편이 자신들이 방금 받았던 고통을 느끼는 장면을 보여주었다. 그 결과 여성들의 뇌에서는 자신이 직접 고통을 당할 때와 마찬가지 반응이 나왔다.[4] 그렇듯 사랑하는 사람들은 신경생리학적 공명 현상에 따라 공통된 신체 반응을 보여주었는데, 이는 고통뿐 아니라 살면서 맞이하는 모든 상황에도 해당된다.

사랑하는 사람들은 상대를 어떻게 볼까

누군가 찍어준 우리 사진이 마음에 들지 않을 때가 많다. 상대를 인지할 때도 인간의 뇌는 다른 사람에 대해서 그림을 그린다. 사랑을 할 때는 상대에 대한 내적 그림이 상당히 중요한 역할을 한다. 그렇다면 우리가 사랑하는 사람에게서 인지하는 것들은 대체 무엇일까? 우리는 실제의 그를 보는 것일까, 아니면 그에 대해서 우리가 만든 공명이 전해주는 것만을 사랑하는 것일까? 우리가 사람을 직감적으로 이해할 수 있는 것은 신경생리학적 공명 덕분이다. 즉 다른 사람을 이해하기 위해 우리는 우리 스스로의 감정을 체험할 때 사용하는 신경생리학적 장치를 활성화시킨다. 이것만이 우리가 감정을 이해할 수 있는 유일한 방법이다. 거울뉴런 덕분에 우리는 다른 사람의 감정, 행동, 의도 등을 우리의 내적인 도구로 비춰보게 된다. 따라서 사랑하거나 헤어지거나 두 가지밖에 없다. 즉 내적 도구로 반영해둔 상대의 모델이 없다면 두 사람 사이에 직감적인 이해란 불가능할지 모른다. 그렇게 되면 우리는 상대에 대해 그려둔 그림을 지적인 용도로만 활용해야 할 것이다. 이런 남녀관계도 없지 않지만, 이때는 낭만적인 관계로 발전하지 않는다.

누군가를 직감적으로 이해하기 위해 스스로 만들어놓은 모델을 이용해야 하므로, 상대를 인지하는 과정에는 어쩔 수 없이 우리가 가지고 있는 자료들이 다수 흘러 들어가기 마련이다. 우리가 가지고 있는 색연필로 사랑하는 사람을 그릴 수밖에 없다는 말이다. 그래서 우리는 흔히 사랑하는 사람에게서, "너는 내게 계속해서 뭔가를 주입하고 있잖아!"라는 말을 듣는다. 그러면 이렇게 답하는 게 맞을지도 모른다. "우리 두 사람이 처음부터 그렇게 해왔잖

아. 아니면 어떻게 연인 사이가 될 수 있었겠어!" 다른 사람에게 뭔가를 심어주고 주입하는 것은 정신과 치료에 종사하는 사람들 사이에서는 이미 범죄로 간주된다. 탁월한 부부 심리학자이자 저자인 위르크 빌리Jürg Willi는 사랑하는 상태에서는 늘 상대에게 뭔가를 주입하고 전염시켜야 한다는 점을 강조한다. 신경생리학적 측면에서 보면 지극히 맞는 말이다. 이 같은 딜레마에서 우리가 할 수 있는 것은, 사랑에 빠져 있는 상태에서 자신이 만든 모델에 의식적으로 갇혀 있는 것뿐이다. 사랑이라는 예술은 사랑하는 사람이 우리를 정확하게 이해하지 못한다고 말할 때에도 이를 받아들이는 데 있다. 그리고 상대가 스스로를 이해하는 것보다 우리가 상대를 훨씬 더 잘 이해할 수 있다고 고집을 피워서도 안 되는 게 사랑의 예술이다. 우리가 사랑하는 사람을 그 자신보다 더 잘 이해할 수도 있지만, 그렇게 되어서는 안 된다. 그리고 대부분의 경우에 그렇지 않다.

사랑하는 사람들이 각자 서로에 대해 그려둔 그림은 서로 일치하지 않는 경우가 많다. 이때는 직감을 동원하더라도 소용이 없고, 상대를 충분히 고려해 분석하는 데도 한계가 있다. 이때 두 사람에게 도움을 줄 수 있는 것은 사랑하는 두 사람이 직감적으로 무엇을 느끼고 있는지에 대해 명백하게 이해할 수 있는 대화를 나누는 것뿐이다. 이를 통해 발견할 수 있는 '진실'은 한 사람으로부터 나오는 것도 아니고, 조각난 진실도 아니다. 오히려 진실은 마틴 부버가 《대화의 원칙》에서 말했던 것에 있다. 즉 그것은 두 사람이 공통으로 찾아서 발견해야 할 진실인 것이다. 그러기 위해서는 상대와 자신에게서 아직 알지 못했던 뭔가를 발견할 수 있는 가능성을 열어두는 자세가 필요하다.

변하는 사랑과 깨지기 시작하는 조화

사랑과 같은 놀라운 마약에도 그 나름의 '위험과 부작용'이 따른다. 사랑할 때 나타나는 강력한 거울 효과로 인해 우리는 사랑하는 사람의 상상·의도·감정 등과 일치하려고 한다. 실제로 우리는 사랑하는 사람을 통해 신경생리학적으로 상당 부분 변한다.[5] 사랑이 지속되는 한 두 사람은 그와 같은 상태, 즉 사랑하는 사람에게 관여하는 상태를 행복으로 느낀다. 하지만 어려움이 생길 수도 있다. 가능하면 상대의 의도와 느낌에 가까이 다가가고 그것과 일치하려는 노력이 너무 강할 경우 자신의 정체성이 문제가 될 수도 있는 것이다. 즉 지금까지 자신의 정체성이라고 간주했던 것이 의문의 대상이 될 수 있다.

사랑을 할 때 거울뉴런을 통해 나타나는 자기 변화가 사랑에 빠진 사람을 행복하게 만드는 한 모든 것은 아무런 문제가 없다. 그러나 두 사람 중 한 사람만 늘 상대에게 맞춰야 한다면 문제가 된다. 만일 사랑하는 사람이 나의 의도와 기분 혹은 감정에 관여하면서 한번도 기쁨을 경험하지 못하고, 대신 나만 늘 상대에게 맞춰야 한다면, 두 사람의 관계는 더 이상 즐거울 수 없다. 상대가 늘 내가 변화하기를 기대하고 있다면, 나의 정체성은 사라져버릴 것이다. 서로 사랑하는 많은 쌍들이, 특히 말다툼을 두려워해 먼저 잘못했다고 말해버리는 사람들은 그와 같은 상태에 너무 익숙해져서 두 사람의 관계에 균열이 생겼다는 점도 감지하지 못한다.

인간관계에 예외가 없지만, 특히 사랑하는 관계에서는 두 사람이 상호 영향을 미치는지, 아니면 한 사람만이 결정권자가 되어 자신의 의도와 기분, 그리고 감정을 우선으로 내세우는지는 아주 중요하다. 사람들 사이의 권력관계는 겉으로 보는 것과는 상당히 다를 수 있다. 가령 두 사람 가운데 훨씬 외향적인 사람이 늘 주도권을 쥐는 것은 아니다. 흔히 상대에게 자신의 스타일을 강요하는 사람은 뭔가 장애가 있거나 감정을 드러내기를 두려워하는 사람인 경우가 많다. 마음을 열고 대화하기를 좋아하는 상대도 그와 같은 상태에 처하면 자신을 억제하기 마련이다. 이들은 자신을 일종의 가해자라고 간주하는데, 마치 자신들이 너무 외향적이라 상대가 대화를 거부할지 모른다고 생각하는 것이다. 물론 그럴 수 있지만 항상 그렇지는 않다. 남녀관계를 관찰해보면 일시적이 아니라 지속적으로 균형이 깨져 있는 경우가 많은데, 이는 두 사람의 관계에만 부담을 주는 것이 아니다. 이들은 결국 마음의 병을 얻거나 신체의 병을 얻게 된다.

사랑이 끝나면

사랑이 발전하고 깊어지려면 우리가 손쉽게 배울 수 없는 몇 가지 전제 조건이 필요하다. 사랑이 좀더 지속적으로 발전하기를 원한다는 말은, 행복한 경험을 다시 할 수 있기 위해 두 사람 사이에 흐르는 긴장감도 견디어내고 실망감도 기꺼이 받아들일 수 있다는 것을 의미한다. 하지만 인내할 수 있는 능력도 한계가 있다. 상호 거울 효과를 교환하고, 늘 새로운 기분으로 사랑하며, 평생 사랑을 유지하는 부부도 있다. 그러나 그 반대의 경우도 있다. 즉 상대에게 반해버린 시간이 지나면, 수년 동안 지루해 하거나 혹은 평생 고통거리를 주고받으며 사는 부부도 있는 것이다. 상대와 주고받는 기쁨이 사라지면, 이제 사랑에는 별로 좋은 것이 남아 있지 않다. 이 시점에 있는 남녀관계에서 흥미로운 점을 관찰할 수 있다.

　사랑이 식어버린 연인들을 살펴보면, 거울 반응에 따른 태도가 없어진다. 그러니까 이들의 태도에서 전형적으로 거울 반응이라 할 수 있는 중요한 특징들을 찾아볼 수 없다. 전형적인 예로 두 사람 사이에 공통된 관심사가 없어진다는 것이다. 즉 한 사람이 어떤 점에 관심을 가지지만, 상대는 이에 대해 냉랭하게 반응한다. 두 사람 사이에 즉각적인 '공동 주의 집중'이 반복해서 형성되지 않으면, 감정적인 접촉은 사라진다. '공동 주의 집중' 가운데 특수한 형태는 시선을 직접 교환하는 것이다. 시선을 서로 교환한다는 것은 각자가 상대에게 의미를 두고 있으며 이를 통해 내면으로 접촉한다는 점을 가장 직접적으로 보여주는 형태다. 사랑이 식어버린 남녀는 상대의 시선을 회피하는데, 이런 행동은 즉각적이고 직감적으로 나타난다. 종국에 가면 상대와 교제 및 접촉을 중단한다는 신호를 신체로 보여준다. 접촉을 거부한다는 뜻을 신체의 언어로 드러내는 경우는 유아에게서도 나타나지만,[6] 심지어 원숭이들에게서도 볼 수 있다. 이런 신호는 뇌에 있는 시각적 해독과 해석 장치STS에 의해 즉각, 그리고 직감적으로 접촉을 더 이상 하고 싶지 않다는 바람으로 해석된다. 말로 표현하기 훨씬 전에 우리는 그와 같은 신체의 언어로 전달되는 신호들을 통해 사랑에 문제가 생겼다는 점을 직감적으로 알 수 있는 것이다.

이런 시점에 이른 사람들은 대체로 속수무책의 심정이 되어 막다른 골목에 서 있는 상태다. 사람들은 자신들이 하는 사랑에 뭔가 문제가 생겼다는 것을 감지하지만, 무엇이 문제이며 어떻게 대처해야 할지 모른다. 그렇게 깊게 사귀지 않은 남녀라면 이쯤에서 교제를 중단하고 다른 애인을 구할 것이다. 하지만 깊은 관계에 있거나 이미 책임을 회피할 수 없는 경우, 가령 아이가 있다고 하면 어떻게 해야 할지 모른다. 이런 딜레마가 사람들을 더욱 곤경에 빠뜨리는데, 그것은 많은 사람들이 성장 과정에서 감정을 의식적으로 인지할 기회를 충분히 갖지 못했을뿐더러, 감정적인 문제에 대해 서로 대화하는 법도 배우지 못했기 때문이다. 이들은 마틴 부버가 말하는 '대화의 원칙'에 따라 대화를 시작할 수 있는 입구를 찾지 못한다. 만일 이혼이 더 나은 해결책이라는 결론을 내리면, 가족 관련 전문 상담원에게 찾아가는 것도 도움이 될 수 있다.

07

개인들 사이의 의미 공간:
사회적 공동체와 사회적 죽음

사람들이 함께 살고 있는 공동체에서 배척당하거나 사회의 공명 공간에서 탈락되면, 신경생리학적 효과가 발생한다는 사실은 이미 입증되었다. 개인이 공동체에서 의도적으로 그리고 지속적으로 배제되면 예외 없이 질병이 발생하고, 심각한 경우에는 목숨마저 잃을 수도 있다. 한 사람을 제외시킨다는 것은 일상생활에서 이루어지는 거울 반응을 사람들이 체계적으로 거부한다는 뜻이다. 우리는 일상생활을 하면서 무의식적으로 다양한 종류의 거울 반응을 주고받는데, 이로써 상대가 공통된 의미 공간에 속해 있다는 점을 인정해주는 것이다. 하지만 다른 경우도 있다. 한 개인이 신체를 통해 직감적으로 신호를 보내거나, 시선으로 갖가지 이해를 바라는 태도를 취하는데도 이를 사람들이 무시하는 경우이다. 이와 같은 신호가 무시를 당하면, 신호를 보낸 당사자는 얼음벽으로 둘러싸여 있는 것 같은 느낌을 갖게 된다. 이보다 더 심각한 것은, 가령 '공동 주의 집중'이 사라진 경우로 누군가 관심 있는 부분에 대해 이야기하지만 사람들이 전혀 주의를 하지 않을 때다. 이렇게 되면 결국 누군가 말을 하거나 질문을 던지지만 사람들은 마치 아무 말도 듣지 못한 것처럼 행동하게 된다.

사회 공동체의 공통된 다양성

거울뉴런이란 개인을 넘어서, 직감적이며 공동으로 서로를 이해할 수 있는 신경학상의 공간이라 할 수 있다. 이 공간은 일종의 복도를 하나 가지고 있는데, 여기에는 공동체에 살고 있는 구성원들이 가능한 혹은 상상할 수 있는 체험과 태도라고 간주하는 모든 것과 관련된 신경학적 프로그램이 들어 있다. 거울뉴런 장치는 한편으로 개인에게 모두 주어져 있다. 그러나 동시에 이 장치는 '공통된 다양성'[1]도 가지고 있는데, 이것은 각각의 사회에서 원칙적으로 가능하며 유통되는 모든 행동과 체험에 관한 프로그램이 들어 있는 풀장이라고 할 수 있다. 거울뉴런은 공통된 사회 공명 공간이라는 것을 가지고 있는데, 개인이 느끼고 행동하는 것을 간접적으로 관찰하는 다른 사람들이 그것에 반응해야 하기 때문이다. 다른 사람들은 관찰자에 불과하지만 마치 피관찰자와 동일한 것을 느끼거나 행동하는 것과 같다. 이로부터 일종의 '마음의 친화력'이라는 직접적인 감정이 생겨나는 것이다. 다시 말해, '나는 기본적으로' 다른 사람과 동일하며, 다른 사람도 근본적으로 나와 같다는 느낌이다. 이런 느낌은 우리에게서 그런 느낌이 사라질 때 그 중요성이 드러난다. 이는 결코 당연한 것이 아니며, 우리가 그런 느낌을 가질 수 있는 것은 모두 거울신경세포 덕분이다. 거울 반응을 하는 공명의 신호가 갑자기 사라지면, 사회에 소속되어 있다는 귀속감과 정체성이 의문시되고, 개인은 갑자기 일종의 공기가 없는 공간에서 움직이는 것 같은 느낌을 갖게 된다.

실험적 모빙

사회적 고립은 이를 당하는 사람에게 심리적인 대사고일 뿐 아니라, 소외를 당하는 사람의 신체에도 영향을 미친다. 개인이 사회로부터 관심과 애정을 받으면, 특히 잭 팽크셉Jaak Panksepp과 토머스 인셀Thomas Insel이 보여주었듯이, 몸속에서 중요한 전달 물질이 나오는데, 가령 고통을 완화시켜주는 물질인 내인성 오피오이드 (opioide: 아편과 비슷한 작용을 하는 합성 진통, 마취제), 도파민 (dopamine: 뇌 안의 신경 전달 물질), 옥시토신(oxytocin: 뇌하수체 후엽 호르몬의 일종으로, 통증을 줄여주고 모유의 분비를 촉진하는 기능이 있다—옮긴이) 등이 나온다. 이로써 우리는 사회로부터 공명을 조금이라도 얻어야만 살아갈 수 있으며, 그렇지 않으면 결국 살아갈 수 없다는 점을 알 수 있다. 만일 인간의 신체 조직이 거울 효과를 통해 상대에게서 반응을 얻지 못하면 불안해진다는 사실은 유아에게서도 관찰된다. 이미 언급했던 '무표정 조처', 즉 아이와 가까운 사람이 한동안 아무런 감정적인 표정 없이 아이를 응시하면, 유아는 눈에 띄게 회피하거나 거부하는 반응을 보인다. 이와 같은 실험(3장 참조)을 요람에서 행하는 모빙이라고 할 수도 있다. 인간을 비롯한 포유류의 유아는 지속적인 애정과 관심을 받지 못하면, 스트레스 유전자가 강도 높게 반응할 뿐 아니라 지나치게 예민해진다.[2] 호엔슈타우펜 왕조의 황제였던 프리드리히 2세1194~1250는 자식들을 유모에게 키우게 하고 아이들과 얘기하는 것을 금지했다. 그는 이로써 아이들이 어떤 언어로 말하는지 알아내고자 했으나, 아이들은 결국 죽고 말았다고 한다.

이제 성인을 다루어보겠다. 갑작스럽게 사회에서 고립되면 심리적으로뿐 아니라 신경생리학적으로도 타격을 입는다는 사실이, 성인을 대상으로 실시한 나오미 아이젠버거Naomi Eisenberger의 실험으로 나타났다. 즉 피실험자를 핵자기공명 촬영기 속에 눕혀 놓고 조이스틱을 사용해 컴퓨터 화면에 나타난 공으로 게임을 하라고 시켰다. 다른 두 명은 각각 다른 방에서 컴퓨터 게임을 하고 있었고, 세 대의 컴퓨터는 서로 연결되어 있었다. 따라서 피실험자는 다른 두 사람과 함께 컴퓨터 화면상으로 공놀이를 해야만 했다. 피실험자에게는 게임을 하는 다른 두 사람 역시 피실험자이며, 게임을 할 때 뇌가 어떻게 움직이는지를 실험할 것이라고 알려주었다. 그 외에 다른 정보는 전혀 주지 않았다. 그리하여 한동안 게임이 진행되면서 다른 두 사람도 피실험자와 공을 주고받았으므로 마치 함께 게임을 하는 듯했다. 그런데 갑자기, 이게 바로 실험할 부분인데, 다른 방에 있다고 한 두 명의 태도가 바뀌었다. 그들은 아무런 설명도 하지 않고 피실험자를 무시한 채 두 사람만 공을 주고받았다. 그러자 피실험자의 뇌가 변화했는데, 즉 고통을 인지하는 뇌의 부분이 활성화되었다. 이 부분은 사람들이 실제로 고통을 당할 때 활성화되는 부분이다. 이 실험을 통해 알 수 있듯이, 순전히 사회적 소외일지라도 생물학적 효과가 나타난다. 조금 더 구체적으로 말하면, 피실험자가 나중에서야 알게 되었지만, 그와 함께 게임을 한다고 했던 두 사람은 실제로 없었다.

거울 반응의 부족이 초래하는 결과:
사회적 소외로 인한 생물학적 장애

살다보면 다양한 형태와 강도로 사회로부터 의미 없는 존재라거나 배척을 당했다는 경험을 한다. 유감스럽게도 일상에서 흔히 볼수 있는 사례로는 본인이 원하지 않는 실직이 있다. 이렇게 되면 실직자는 사회의 공명이 이루어지는 아주 중요한 무대에서 내려오는 것이다. 이와 비슷한 경우로 퇴직한 사람이 있는데, 이들의 사망률은 평균 사망률보다 높다. 직장에서 사회적 공명을 체계적으로 막는 사례는 이른바 모빙을 통해 일어나며, 이 역시 질병을 유발하는 중요한 요소로 간주되고 있다. 이는 그리 놀랄 일이 아니다. 모빙의 '목적'이 바로 한 사람을 짓밟고 망가뜨리는 것이기 때문이다. 최근에 실시한 조사에 따르면, 엘리트 관리자 가운데에도 정신질환을 앓는 사람이 많다는 결과가 나왔는데, 이는 모빙문제가 점점 심각해지고 있다는 것을 말해준다.[3] 하지만 모빙보다 더 심각한 것이 현재 있으며 과거에도 있었다. 거울 반응에서 소외되면 어떻게 되는지를 일찍이 체험했거나 다른 사람과 함께 체험한 사람은, 박해를 받는 소수 민족이나 소수의 그룹이 일상생활에서 적대적인 대우를 받을 때 느끼는 것과 비슷한 상태가 된다. 철학가 클로드 레비스트로스Claude Lévi-Strauss는 그와 같은 파괴적인 과정을 이렇게 적고 있다. "사람들은 저주받은 사람을 멀리하고, 이들을 보면 이미 죽은 사람처럼 대할뿐더러, 문제만 일으키는 골칫거리로 취급한다. 사회는 기회가 있을 때마다 온갖 태도를 취하며 이 불행한 희생자를 죽음 근처로 몰아가기에, 이 사람은 마치 그것이 운명인 것처럼 피할 생각도 하지 못한다. 사회적 존재가 해체되면 몸이 살아 있더라도 이에 항거할 수 없다."

거울 반응과 공명 현상이 일어나는 사회적 공간에서 철저하게 소외되면 어떻게 되는지는 몇몇 원시 민족에서 이루어졌던 부두교의 죽음이 가장 인상적인 예가 될 것이다. 이에 대해서는 1942년 최초로 미국의 의사이자 내분비학자이며 스트레스 연구가였던 월터 캐넌Walter B. Cannon이 연구했고, 훗날 많은 의사와 정신과의사들이 그것에 관해 서술했다. 만일 원시 민족 가운데 한 구성원이 신성한 금기를 어기면, 그 당사자를 공동체에서 완전히 추방하라는 결정이 내려진다. 사람들은 그에게 죽으라는 임무를 주는 것이다. 이렇듯 완벽하게 추방을 당하면, 절망에 빠진 당사자는 외적으로 어떤 부상이나 내상이 없음에도 얼마 후 정말 죽고 마는 것이다.

서구 사회의 경우에도 사회적으로 끔찍한 수모와 경멸을 겪은 뒤 죽은 사람에 대한 자료가 많이 남아 있다. 울름Ulm 출신의 존경받는 의사인 호르스트 케헬레Horst Kächele는 신체에 생기는 질환을 마음과 연관시켜 연구했는데, 정신 작용으로 사망에 이른 경우를 발표한 적이 있다. 여기에서 그는 신체 조직에 전혀 이상이 없음에도 사회에서 외면당하거나 수모를 당하여 갑작스럽게 사망하는 많은 경우에 대해 언급하고 있다. 사회에서 소외당한 뒤 생물학적으로 엄청난 효과가 일어나는 이유를 사람들은 이렇게 추측한다. 그런 상황이 되면 소외당한 사람의 신체는 극단적인 응급 반응의 상태가 되는데, 특히 교감신경과 부교감신경이 지나치게 활성화되어 결국 혈당·스트레스 호르몬·순환계가 정상적으로 조정되지 않아 죽게 된다는 것이다. 평상시에 심장에 아무런 문제가 없던 건강한 사람도 정신적으로 충격을 받으면 교감신경이 과도하게 활성화되어 심장마비를 일으킬 수 있다는 사실은 최근에 일랜 위트스타인Ilan Wittstein과 그의 동료들이 밝혀냈다.

이로써 우리는 지극히 핵심적인 문제와 만나게 된다. 사회적 공명의 단절이 엄청난 생물학적 효과를 일으키는 것을 어떻게 설명할 수 있을까? 거울 장치의 기능에 대해 다시 한번 상기해본다면 해답을 얻을 수 있다. 거울 장치란 행동의 과정 전체에 대한 프로그램을 저장하고 있으므로, 우리는 일상생활을 하면서 그 어떤 상황에 처하더라도 앞으로 일이 어떻게 진행될지를 직감적으로 알 수 있다. 거울뉴런은 우리가 금방 받아들인 신호가 어떤 차례를 거치게 될지에 대해 직감적인 정보를 즉각 전달해준다. 한 예를 들어보기로 하자. 한 직장 여성이 퇴근할 때 데리러 온다는 남편의 연락을 받는다. 자동차 안에서 기다리고 있는 남편의 얼굴에 친절한 미소를 발견한 여자는, 그 미소로 기분이 밝아진다. 동시에 남편의 미소는 다른 점도 말해주는데, 가령 남편이 하루를 잘 보냈다는 표시인 것이다. 굳은 표정 역시 거울뉴런을 통해 그날 남편이 어떻게 보냈는지를 추측할 수 있게 해준다.

거울 반응을 할 수 있어야 우리는 신호를 인지해 그것을 해석할 수 있다. 따라서 사회는 거울 시스템에 속하는 프로그램을 활성화할 때 필요한 신호들을 우리에게 제공해야 한다. 거울 과정은 사회적 공명을 허용하는 장소에서만 세상에서 일어나는 일들, 특히 주변 사람들의 태도를 추정하는 데 필요한 정보들을 우리에게 제공해줄 수 있다. 우리는 일상생활에서 즉각적이고 무의식적으로 개별적인 거울 효과를 사용함으로써, 예견할 수 있고 미리 계산할 수 있는 상황으로까지 발전할 수 있는 것이다. 예견과 예측은 우리가 신뢰라고 일컫는 것의 기초이다.

사회의 안내서로서 거울뉴런

거울뉴런 장치는 방향을 안내해주는 사회의 지침서이다. 이 같은 안내서는 일종의 척도로, 확신으로, 그리고 사회적 환경으로 주어진다. 우리가 주변 환경을 미리 예견할 수 있는 것도 그와 같은 안내 장치 덕분인데, 이런 장치가 없다면 어떤 일이 일어날지 충분히 예상할 수 있다. 방향이나 기준을 알려주는 그런 안내서가 없는 상태는 예측할 수 없는 상태이자 위험한 상태다. 위험한 상황에 봉착하면 우리의 신체는 방어 장치를 가동시키는데, 이를 생물학적 스트레스 행동이라고 한다. 사회 구성원이 체계적으로 어떤 개인을 소외시키면 만성적인 생물학적 스트레스가 발생하는데, 이 만성적 스트레스는 질병 프로그램이자 자신을 파괴하는 프로그램이다. 특정한 조건에서 활성화되는 생물학적 자기 파괴 프로그램은 자연에서 광범위하게 볼 수 있는 현상이다. 심지어 단 몇 개의 세포만으로도 자기를 파괴하는 과정(apoptose: 생리학적 세포의 죽음—옮긴이)을 진행시킨다. 이와 거의 비슷한 장치를 사람의 뇌 세포에서도 볼 수 있다. 우리의 몸에 이상이 생겼을 때 경보를 울리는 물질들, 가령 글루타민산염과 코티솔(cortisol: 부신피질에서 생기는 스테로이드 호르몬의 일종—옮긴이)이 지나치게 많이 나오면 신경세포들이 죽을 수 있다.

사회에서 외면당한 경험을 하고 나면 심리적으로 자기를 파괴하라는 작용이 일어난다. 일반적으로 그와 같은 프로그램 가운데 가장 잘 알려진 형태가 바로 자살[4]이다. 사회로 인해 병들거나 친하게 지내는 사람을 상실하면 자살을 유발하는 인자가 나온다는 사실은 이미 오래 전부터—괴테도 이미 알고 있었다—잘 알려져 있다. 최근에 발견된 사실은, 심하게 신체적인 폭력을 경험한 사람도, 그러니까 개인의 고결함과 자존심이 훼손당할 정도의 폭력을 경험한 사람도 자신을 죽여야만 한다는 충동을 직감한다고 한다. 정신적 충격을 받은 사람들의 경우에도 충동적으로 자살을 실행할 위험성이 상당히 강하다. 왜 자살을? 누군가 자살을 하면, 흔히 그 사람이 나쁜 경험을 했기 때문에 자살은 '자연스러운 결과'라고 간주하는데, 이는 우리가 일상에서 아무런 생각이 없다는 점을 암시해준다. 그렇게들 쑥덕거리지만 사실 자살의 이유를 설명하지도 못하고, 다만 우리는 그렇게 생각하는 데 익숙해져 있을 뿐이다.

사회에서 기만, 거부, 경멸, 폭력을 당한 경험이 있을 때 자살할 위험성이 높아지는 이유는 무엇일까? 그 대답은 개인이 당한 부정적 경험 속에서 하나의 행동 프로그램이 활성화되기 때문일 것이다. 이를테면, 고통스러운 경험을 당했지만 아직 끝나지 않았기에 이를 끝까지 실행시키고자 하는 프로그램, 즉 자살이라는 프로그램이 활성화되어 그럴지도 모른다. 행동의 순서는 경험을 통해 정해지고, 행동의 순서 전체를—자신의 상상 속에서—보여주는 하나의 프로그램을 활성화시키는 것이 거울 장치가 행하는 전형적인 기능이다.

이를 구체적으로 알 수 있도록 극단적인 경험을 예로 들어보자. 즉 다른 사람에게 심한 폭력을 행사하는 사람의 행동에는 어떤 의미가 담겨 있을까? 그와 같은 폭력을 당한 희생자의 행동 프로그램은 어떤 공명을 보여줄까? 놀랍게도 희생자는 복수하겠다는 프로그램을 활성화시키지 않는다(제3자가 보면 이해가 되지 않을 것이다). 한 폭력 행위의 프로그램은 다음과 같은 의사를 전달한다. 즉 "너는 가치가 없어. 나는 아무런 가치가 없는 물건처럼 너를 다룰 수 있어. 사람들은 너를 죽일 수 있고 반드시 그렇게 해야 해." 상대를 제압하는 행위가 진행되는 과정에서 범인의 행동 프로그램은 거울 반응을 거쳐 희생자에게 전이되는데, 희생자는 이를 거부할 수 없다. 이 과정은 그야말로 무의식적으로 진행되는 것이다. 또한 그 결과도 무의식적으로 도출된다. 다시 말해, 정신 치료를 받는 사람들이 반복해서 알게 되듯이, 희생자는 폭력을 당하고 나서 스스로 폭력을 완성하고자 하는 성향을 직감적으로 느끼게 된다. 그 성향이란 폭력 행위가 암시하는, 이른바 자살 행위를 완성하고자 하는 것이다. 심층 심리 치료를 통해, 이와 같은 희생자들은 범죄자의 파괴 의도를 자신의 의도로 동일시한다는 것을 발견했다.

다른 사람들의 얼굴을 보며 하는 거울 반응: 간주관과 윤리

거울 반응이 심리적·육체적 건강에 미치는 지대한 영향을 고려해 볼 때, 그 밖에도 거울 효과가 지니고 있는 능력, 즉 타인을 조종하는 능력으로 인해 우리는 다음과 같은 질문을 던져볼 수 있다. 신경생리학적 인식은 사람들의 공동생활에 어떤 의미가 있는가? 반사적인 인지를 지속적으로 할 수 없고 사회 공동체에서 체계적으로 배척당하는 것은 생물학적 말살 행위다. 거울 반응이라는 신경생리학적 면을 통해 발견한 사실은 이미 철학자들이 알고 있던 점을 다시 한번 확인해준다. 즉 다른 사람의 얼굴에서 우리 자신의 존재를 만나게 되는 것이다. 우리는 상대를 마주 대함으로써 스스로를 사람으로 인지하고 인정하며, 이로써 다른 사람과 함께 살아가는 사람이 되고, 오로지 그렇게 해야만 사람이라고 체험하는 것이다. 사람들 사이에 발생하는 경험에 참여하는 것은 인간이 가진 철학적 권리일 뿐 아니라 신경생리학적 권리이기도 하다.

같은 사람으로 인식하고 인정해주기를 체계적으로 거부하는 일은 비인간적 행동이자 윤리적으로 비난받아 마땅하다. 그렇듯 현대 신경생리학은 놀랍게도 아르투르 쇼펜하우어Arthur Schopenhauer, 에마뉘엘 레비나스Emmanuel Levinas, 악셀 호네트Axel Honneth, 그리고 현대 여성 윤리학자를 대표하는 주디스 버틀러Judith Butler, 엘리자베스 콘라디Elisabeth Conradi, 캐럴 길리건Carol Gilligan 등의 사고로 연결된다.

08

청소년을 둘러싼 환경과
학교라는 기회

우리는 아마도 머지않아 그런 상상을 하지 않겠지만, 현재까지는
그렇게 믿는 사람들이 있다. 그러니까 성장기가 한 사람에게 세
가지를 가능하게 해줘야 한다고 믿는 사람들이 있다는 얘기다. 우
선, 이 시기에 아이들은 자아라는 개념과 자존심을 가질 수 있어
야 하고, 두 번째로 다른 사람들과 사귀고 관계를 맺을 수 있는 능
력을 키워야 한다. 마지막으로, 교육을 받고 직업인이 될 수 있는
능력을 키워야 한다는 것이다. 이 세 가지 가운데 어느 한 가지도
저절로 해결되지는 않는다. 청소년 가운데 많은 수가 세 가지 중

적어도 한 가지는 실패한다는 사실에서도 이미 알 수 있으니 말이다. 최근에 실시한 조사에 따르면, 독일 청소년 가운데 50퍼센트 이상이 정신적으로 건강하지 않다는 결과가 나왔다.[1] 심각한 수준의 심리적 장애를 안고 있는 청소년도 15퍼센트 이상이며, 이들은 우울증·공포·음식 장애 혹은 정신지체 장애를 앓고 있다. 또 다른 조사에 따르면, 초등학생 가운데 20퍼센트 정도가 주의산만 신드롬이 있다고 한다. 이 아이들 중 반은 주의가 산만한 증상과 함께 과대활동성이라는 질병을 앓고 있다. 제약사들 측에서는 반길 만한 소식이지만, 아이들에게는 좋지 않은 소식이다.

인간관계의 의미

어린이와 청소년들의 자부심·대화 능력·지식과 능력은 스스로 발전하지 않으며, 명령한다고 되는 것도 아니고, 교육부 같은 곳에서 표준으로 정해주더라도 간단하게 습득할 수 있는 것이 아니다. 아이들은 중요한 서류를 채워두는 서류철처럼 작동하지 않는다. 우리가 스스로에게 늘 암시하는 것과는 반대로, 아이들에게는 그와 같은 과제를 스스로 해결할 수 있는 유전자 프로그램도 없다. 유전자가 제공하는 것은 놀라운 신경생리학적 장비일 뿐이다.

하지만 이 장비는 저절로 작동하는 게 아니라, 사용해야만 하고 거울처럼 반사를 해야만 한다. 이렇게 해야 이 장비의 기능은 탁월한 상태가 되고, 이 상태를 유지하려는 목표도 달성될 수 있다.

신경에 관한 모든 연구에서 밝혀졌듯이, 인간의 신경생리학적 기본 장비는 오로지 인간관계를 통해 발전할 수 있다. 그러니까 개인적 환경은 물론 사회적 환경이 아이에게 제공하는 관계를 통해서 말이다. 아이를 이해할 수 있는 길은 인간관계를 통해서이고, 그것도 대부분 거울 행위를 통해서 일어나므로, 거울뉴런이 없다면 외부 세계는 유아―훗날 아동과 청소년이 된다―와 관계를 가질 가능성이 없는 것이다.

거울뉴런이라는 장치는 신경생리학적 기본 장비에 속한다. 물론 아이가 금방 태어난 시점에서는 아직 미성숙한 상태이고 단순한 형태를 지닌다. 감정이입 능력은 태어날 때부터 타고나는 것이 아니다. 태어난 뒤 그리고 갓난아이 때 관계를 맺을 기회를 잃으면, 신경성 거울 장치의 발달은 물론 기능마저 해를 입게 된다. 그러면 결국 자존심이 온전하게 형성되지 않을뿐더러, 관계를 맺고 능력을 습득하는 데도 결함이 생긴다(3장 참조).

아이와 가까운 사람이 아이에게 반사하는 것은 아이 스스로에 대해 보고해주는 것이다. 이에 대해 영국의 심리학자 도널드 W. 위니컷Donald W. Winnicott은, "내가 보고 상대가 나를 볼 때, 나는 존재하는 것이다"[2]고 적고 있다. 어른이 거울 반응을 보여줄 때에야 비로소 아이는 점차 자신이 누구인지 인지할 수 있다. 바로 이 같은 이유로 다른 사람들과의 관계에서 자신의 특징과 개인적 성향이 반사되는 것을 볼 수 있을 때, 아이는 확고하고 변하지 않는 자존심을 발전시킬 수 있게 된다.

지나친 자극, 폭력 모델과 아이의 거울 장치

아이가 친밀하고 지속적인 관계를 맺지 못하면 안정적으로 발달하지 못한다는 사실은 그동안 많은 연구를 통해 밝혀졌다. 만일 한 아이가 너무 많은 사람들로부터 여러 자극을 받는 환경에서 살게 되면, 아이는 한 가지 일 혹은 한 사람에게 집중하려는 노력을 기울인다. 지나친 자극과 자극의 빈도가 높은 경우는 아이와 가까운 사람들이 자주 바뀔 때인데, 이보다 더 흔한 경우는 오랫동안 아이에게 친밀한 사람이 없고 대신에 텔레비전만 보게 할 때다. 텔레비전 프로그램을 만드는 제작자들은 정확한 근거도 없이 어린이들에게 텔레비전을 보여줘야 한다고 주장한다. 최근에 실시한 연구에 따르면, 어린이들이 텔레비전을 시청하면 나중에 주의력이 감소하고 과도하게 활동하는 증상을 보일 위험이 있다고 한다.

독일이 한때 전쟁에 열광한 다음, 이에 회의를 느끼고 전쟁을 하지 않겠다고 결정한 점은 높이 살 만하다. 하지만 전쟁에서 발생하는 폭력적인 행동은 나쁘고, 반대로 아이들의 방에서 일어나는 폭력은 좋다는 말일까? 사람들을 사냥하고 괴롭히고 또한 죽이는 비디오나 영화를 만들고, 이것을 청소년이나 심지어 어린이들이 보는 것조차 가만히 내버려두는 우리의 무관심은 한마디로 놀라울 따름이다. 더욱더 기가 막히는 것은 컴퓨터 게임으로, 아이들은 현실과 비슷한 상황에서 다른 사람을 사냥하고 고문하고 죽일 수도 있다. 그런데도 어른들이 수수방관하는 이유 중 하나는, 아이들이 보고 즐기는 비디오나 컴퓨터 게임을 직접 하지 않기 때문이다.

대부분의 아이들은 비디오도 볼 수 있는 텔레비전을 자신의 방에 가지고 있으며, 자기만의 컴퓨터도 가지고 있다. 청소년들은 자기 입으로 그런 비디오나 게임을 즐긴다는 말은 하지 않는다. 많은 제품이 연령 제한을 하고 있어 이론상 아이들은 그런 것을 할 수 없기 때문이다. 그런 가운데 청소년 대상 시장이 발달해 엄청난 수익을 올리고 있다. 신경생리학적 측면에서 이런 제품들이 아이들과 청소년들에게 어떤 의미가 있는 것일까? 최근에 발표된 연구 결과에 따르면, 매일 접하는 텔레비전과 비디오의 시청이 청소년의 폭력적인 행동과 직접적인 연관성이 있다고 한다.[3]

신경생리학적 측면에서 볼 때 두 가지가 연관되어 있다는 점은 의심할 여지가 없다. 뇌란 영원히 배우는 장치다. 청소년들에게 지극히 긴장되고 큰 관심을 유발하는 폭력적 태도를 제공하면, 뇌는 쉬지 않고 그것을 배우게 될 것이다. 우리가 보는 것—이것이 바로 거울뉴런 연구가 집중적으로 밝히고자 하는 메시지다—이 신경세포망에 기록되고, 이는 실행할 가능성이 있는 행동 프로그램으로 암호화된다. 물론 우리가 어떤 행동을 본다고 해서 그것을 반드시 스스로 실행한다는 의미는 아니다. 그렇게 하려면 더 폭넓은 요소가 필요하니까 말이다. 하지만 우리가 본 것은 하나의 모델로 저장되고, 만일 그런 행동을 했을 때 재미있거나 유용하다는 판단이 서면 그 저장된 모델은 실행할 준비를 하게 되는 것이다.

학교를 위한 신경생리학적 인식

학교와 관련해 실시한 거울뉴런 연구로 과연 어떤 결론을 얻을 수 있을까? 거울신경세포는 배우는 과정이면 어디에서나 매우 중요한 의미가 있다. 이 세포들은 어떤 과정을 관찰하는 것과 그 과정을 스스로 실행하는 것 사이를 결정적으로 연결해준다. 거울뉴런은 이미 오래 전부터 잘 알려져 있고 충분한 연구를 거친 학습 방식, 이른바 '모델을 통한 학습'이 이루어질 수 있는 신경학적 토대다. 즉 많은 실험을 통해 밝혀진 바에 따르면, 특정 행동을 관찰하는 것은 그 행동을 스스로 실행하는 능력—원칙적으로 실행할 준비 혹은 마음가짐을 상당히 높여준다—을 향상시킨다고 한다. 이와 같이 거울뉴런이 가지고 있는 전이 기능은 오로지 행동에만 한정되지 않고, 다른 성분들도 포함하고 있다. 그러니까 거울뉴런은 여러 가지 능력을 습득하는 데 결정적인 역할을 하는데, 무엇보다 감각적인 능력 혹은 감정적인 인지를 할 때 매우 중요하다(한 사람에 대해 어떻게 느낄까). 다른 사람이 성가신 문제를 해결하거나, 어떤 물건을 사용하거나, 혹은 논란의 여지가 있는 과제를 감정적으로 해결하는 모습을 지켜보는 것은 우리 자신의 능력에 큰 도움이 된다. 다시 말해 우리 스스로 그와 동일하거나 비슷한 과제를 해결할 때 많은 도움이 되는 것이다.

신경생리학적으로 볼 때 '모델을 통한 학습'이 이루어질 경우, 가르치는 사람과 배우는 사람 사이의 인간관계는 지극히 중요하다. 관찰자의 거울세포들은 살아 있는 사람이 아니라 도구나 장비 혹은 로봇(2장 참조)이 실행하는 행동을 관찰할 경우 작동하지 않는다는 사실이 실험으로 밝혀졌다. 이로부터 우리는, 가르치는 사람이 뭔가를 지시하거나 시범을 보이는 식으로 개인적인 지도를 하는 것이 가르치고 배우는 과정에서 결정적인 요소가 된다는 결론을 내릴 수 있다. 교사가 교재의 내용만을 전달해주는 사람이 아니라 한 인격체로 학생들 앞에 서기 때문에, 학교에서 효과적으로 가르치고 배우려면 교사와 학생 사이의 관계를 성공적으로 만들어야만 한다.

학교의 문제는 학교가 모든 학생에게 표준이라 할 수 있는 수준까지 학습해주지 못하는 경우가 아니라, 교사들이 여러 가지 이유로 학생들과 적절한 관계를 만들어가지 못하는 데 있다. 그러니까 가르치고 배우는 과정을 좀더 효과적으로 도와줄 수 있는 그런 교사-학생의 관계가 없는 것이 문제다.

지시나 시범 그리고 '모델을 통한 학습'은 지식을 전달할 때 밟게 되는 첫 번째 단계다. 그런데 뇌는 행동을 할 수 있는 가능성이라는 시각에서 세상을 관찰한다. 때문에 학교는 추상적인 내용을 암기시키는 것만을 학습 목표로 한정해서는 안 된다. 다시 말해 학생들에게 추상적인 지식을 언어의 형태로 암기하도록 시켜서 그 내용을 그대로 옮기는 것만을 학습의 목표로 한정해서는 안 된다는 말이다. 진정한 지식이자 확실한 지식, 그리고 동기부여는 배우는 사람이 행동하고 느끼면서 시험해봐야 생길 수 있다. 확실하게 행동할 수 있는 가능성과 결부되지 않는 지식은 신경생리학적 네트워크에서 살아남을 기회가 없다. 사실 신경생리학적 네트워크란 행동에 대한 상상과 이에 속하는 감정들이니 말이다. 우리가 언어의 형태로 된 지식을 수용할 때 사용하는 신경생리학적 장치들은 사전이나 서류철이 아니다. 지식이 현실의 삶과 유사한 행동 체험과 나란히 제공될 때, 뇌는 이 지식을 가장 잘 저장할 수 있다. 따라서 수학 공식, 원료 혹은 외국어의 단어들은 자신의 경험 세계와 연관성을 가지면 훨씬 매력적으로 인지하게 된다.

신경생리학적 관점에서 보면 새로운 교육 방법, 특히 '행동에 초점을 맞춘 수업'은 상당히 권장할 만하다. 이 같은 수업에서 볼 수 있는 가르치고 배우는 과정은 신경생리학적으로 의미심장하다. 요컨대, 우선 교사가 가르칠 대상에 대해 안내하고 설명을 하는데, 이때 물론 구체적인 우리의 삶 주변에서 예를 든다. 그 다음, 설명한 내용을 자신의 경험 세계와 밀접하게 연관지을 수 있다는 것을 학생 스스로 공감할 수 있도록 하는 수업 방식이다. 이와는 반대로, 학생들에게 새로운 이론적 소재를 내주고 교재를 이용해 스스로 작업하라고 시키는 방법은 신경생리학적 관점에서 보면 터무니없는 전략이다. 이런 과정에서는 '모델을 통한 학습'도 이루어지지 않을뿐더러, 지식을 스스로 적용하기 위한 지침이나 안내도 없기 때문이다. 아이들의 현실과 관련지어 수업하는 방식은 현대의 신경생리학적 측면에서도 그렇지만 교육학의 아버지라 할 수 있는 코메니우스(Johann Amos Comenius: '…… 모든 것을 쉽게 표현할 수 있도록 감각적인 요소들을 최대한 동원할 수 있다')와 페스탈

로치(Johann Heinrich Pestalozzi: '머리, 가슴과 손으로 배우기')도 올바른 교육 방식으로 보았다. 하지만 이렇게 하려면 한 가지 조건이 있다. 즉 학급당 학생 수를 줄이지 않으면, 그와 같은 수업은 매우 힘들다.

거울 장치와 감성지수EQ의 발달

학생들이 필요한 지식을 충분히 습득하지 못하는 실정이지만, 사실 이보다 더 심각한 문제가 있다. 즉 사회성, 정신적 건강 및 태도와 관련해 상당히 문제가 많다. 이 같은 문제들로 인한 부정적인 결과들은 매우 다양하다. 예를 들어, 수업 분위기가 점점 산만해지고, 폭력 피해가 늘어나며, 학교를 졸업한 뒤 직업 학교나 직장에 적응할 때도 힘들어한다는 것이다. 청소년들이 처한 이 같은 절망적인 상황은, 교사들이 학생들과 지식을 전달해주기에 적합한 관계를 맺기가 점점 더 어려워질 것이라는 점을 시사해준다. 바로 이때, 그러니까 교사와 학생 사이의 관계가 형성될 때, 거울 뉴런은 중요한 역할을 한다.

부모들의 요구가 점점 까다로워지고 있는 가운데, 교사들은 좀 더 생산적인 수업 환경을 만들기 위해 전문지식 외에도 다른 능력을 갖추어야 한다. 따라서 교육 정책의 중점은 교사들에게 그와 같은 능력을 훈련시키는 데 두어야 한다. 물론 학부모와 교사들이 상부상조하는 것이 아니라 대치하는 상황이 지속되는 한 교사들은 패자의 위치에 있을 수밖에 없다. 많은 학생들은 부모들이 학교를 대하는 태도를 이어받는데, 이는 거울 반응으로 인해 일어난다. 다시 말해, 부모들이 교육·학교·교사들에게 관심이 없거나 이들 모두를 무시하는 경향을 보인다면, 이는 고스란히 학생들에게 전달되고, 결국 사회는 이로 인해 더 많은 대가를 치러야 한다. 부모들은 학교에 다니는 아이들이 배우려 노력하는지 지켜봐야 하고, 이에 대하여 긍정적인 반응을 보여줘야 한다. 교사들 역시 수업을 하면서 부모들과 동일하게 행동해야 한다. 학생들은 각자 개인으로 대우받기를 원하는데, 여기에서 무엇보다 중요한 것은 수업을 시작할 때 교사들이 학생들과의 관계를 분명하게 표현해 줘야 한다는 점이다. 학생들은 만일 교사가 자신을 쳐다보며 학습을 통해 앞으로 어떻게 발전할지를 분명하게 말해준다고 느끼면, 그들의 학습 동기는 몇 배 상승할 것이다. 그렇듯 발전할 가능성을 비춰주면 학생들은 거울 장치를 통해 스스로도 발전하고자 하는 바람과 생각을 활발하게 할 수 있다.

지금까지 언급한 모든 노력을 기울이더라도 충분치 않은 아이들도 있다. 동정심이나 감정이입 능력에 문제가 있는 아이가 점차 늘어나는 추세이니 말이다. 이런 아이들은 대부분 다른 아이들을 때리는 경향이 강하며, 거울 반응을 하는 능력도 부족하다. 감정이입, 배려와 애정을 충분히 체험하지 못한 아이들은 거울 경험이 부족해 감정이입을 느끼고 보여줄 수 있는 자신만의 신경생리학적 프로그램을 사용하지 못한다. 만일 갈등이 생겨 폭력을 사용하게 될 때, 이런 아이들 혹은 청소년들은 어느 정도에서 그쳐야 할지 모른다. 그리하여 상대가 심하게 다치고, 심지어 사망하더라도 폭력을 멈추지 않는다.

감정이입과 거울 효과의 결함은 어느 정도 치료할 수는 있다. 불우한 환경에서 자란 아이를 적절한 훈련 프로그램으로 보상해 줄 수 있는 것이다. 이처럼 나중에 가서 아이의 감정이입 발달과 성숙을 유도하는 연구를 한 선구자는 미국의 대니얼 골먼이 있다. 독일에서는 하이델베르크 출신의 정신과의사 만프레트 키에르프카Manfred Cierpka가 사회의 중요한 상황을 그림으로 보여주는 프로그램을 고안했다. 그룹을 이룬 아이들은 교사와 함께 특수한 상황에 놓인 다른 아이들의 그림을 보고, 서로 이 그림과 그들이 받은 인상에 대해 이야기를 나눈다. 이렇게 하면 참가한 학생들은 그때까지 한번도 활성화되지 않은 거울 장치와 감정이입 능력을 훈련할 수 있다. 최근에 실시하는 프로그램도 싸움을 잘하는 학생들을 대상으로 그와 비슷한 훈련을 하고 있다. 또한 여성 교육학자 힐

트루트 하인뮐러Hiltrud Hainmüller가 고안한 윤리 교육은 다양한 자료를 바탕으로 진행되는데, 이 분야에서 지대한 기여를 하고 있다. 이런 새로운 방식은 심리 치료에서뿐 아니라 신경생리학적 측면에서도 매우 의미심장하다. 부모들도 이런 방식을 지원해야 할 것이며, 가능하면 프로그램에 참여함으로써 더욱 의미가 있을 것이다.

09

의학과 정신 치료에 있어서
거울뉴런

정신 치료 분야에서 오래 전부터 잘 알려져 있는[1] 거울 현상은 새로이 발명된 것은 아니다. 동일한 사실이 의학에도 해당된다. 이때 말하는 의학이란, 일반적으로 치료를 원하는 사람과 치료가 무엇인지 이해하는 사람 사이에 이루어지는 모든 만남을 의미한다. 그러나 거울 과정이 어떤 신경생리학적 기반에서 이루어지는가는 지금까지 몰랐던 사실이다. 그리고 치료 과정에 끼치는 영향을 과소평가했다. 한 사람이 의사 혹은 정신과의사를 찾아가면, 이는 건강에 문제가 있는 환자와 의학 전문가 혹은 심리 전문가가 만나는 것으로만 이해하는데 사실은 그렇지 않다. 오히려 환자와 의사의 만남은 사람과 사람의 만남으로, 이들의 생각과 기대는 직감적 인지 과정과 거울 과정을 진행시키게 된다. 이 과정들은 질병을 치료하는 데 있어서 다양한 의학적 처방과 조치보다 더 효과적이다.

의사와 환자 사이에 말하지 않는 생각과 기대

의사와 환자의 생각과 기대는 치료 과정에 영향을 미친다. 의사가 마음속에 품고 있는 견해나 기대는 환자에게 공명을 일으키고, 반대로 환자의 견해나 기대도 의사에게 공명을 불러일으킨다. 의사와 환자가 만나면 무슨 일이 일어나는지를 관찰해보자. 의사의 생각과 기대는 아주 다양한 형태를 띨 수 있다. 사람들은 의사가 조용히 독백한다고 볼 수도 있다. 하지만 의사의 독백도 가만히 살펴보면, 그가 어떤 의미로 생각하고 느끼는지를 표현해준다. 환자에 대한 의사의 태도가 여러 가지—말을 하지 않더라도 환자는 느낀다—생각을 표현할 수 있다는 말이다. 가령, "나는 당신의 문제에 관심이 있습니다. 그러니 내게 얘기를 해보세요. 우리가 함께 해결할 방법을 찾아봅시다." 혹은 "당신이 내게 얘기한 내용은 사실 일부분일 뿐입니다. 그 밖에 당신을 힘들게 하는 부분이 있지만 말하기 쉽지 않지요?" 또한 의사는 잠재의식으로 이렇게 생각할 수도 있다. "그렇게 많은 말은 할 필요가 없어요. 증상만 얘기하면 되고, 나머지는 그리 중요하지 않아요. 나는 어떻게 치료해야 할지 벌써 압니다." 혹은 "진료실 밖에 아직 환자들이 줄을 서서 기다리고 있어요. 진료가 끝나면 나는 또 수술실에 가야 하죠. 그러니 내가 얼마나 시간이 없는지도 좀 헤아리시죠." 또는 "내가 보기에 당신은 아무 문제가 없어요. 당신은 지금 내 시간만 빼앗고 있을 뿐입니다."

모든 의사는 앞으로 진행될 과정을 머릿속으로 그려두고 있다. 예를 들어, 그에게 무엇이 중요하며, 치료 방식과 과정, 성공적으로 치료할 수 있는 기준 등이다. 의사가 어떤 생각을 가지고 있든, 그는 이 생각—겉으로는 최대한 친절하고 정확하게 하려고 노력하더라도—을 숨길 수가 없다. 말로 표현하지 않는 의사의 생각들은 이미 진료실 안으로 들어오는 모습에서 드러나기 시작해 의자에 앉는 방식에서도 드러난다("이제야 당신을 진료할 수 있군요." 혹은 "곧바로 다음 환자를 봐야 합니다."). 또는 의사가 환자를 바라보는 방식("당신에게 무슨 일이 일어났는지 이해하고 싶군요." 혹은 "뭐가 문제인지 빨리 말하시죠.")이나 목소리의 높낮이에 따라서도 알 수 있다. 이런 종류의 특징들(시계를 바라보는 시선, 조용하거나 성급한 움직임, 주의 깊게 말을 듣는 특징 등)은 셀 수 없이 많다. "입술을 다물고 있을지라도, 그는 손가락으로 수다를 떤다. 모든 세포들이 어떤 생각을 하는지 알려주는 것이다."[2] 그리고 환자는 이런 신호들을 직감적으로 수용한다.

이와 같이 의사의 생각과 기대는 무의식적으로 표현되는 태도에서 드러나는데, 이는 내적 프로그램에 해당한다. 이 프로그램은 치료에 참여하는 자들에게 앞으로의 치료 과정과 이에 따르는 감정이 어떻게 만들어질지를 미리 제시하는 것이다. 이 프로그램은 환자로부터 공명을 불러일으켜, 일반적으로 의사의 생각, 기분과 기대에 상응하는 생각과 기분과 기대를 직감적으로 활성화시킨다. 하지만 다음 단계에서 환자는 그 같은 공명에 반응하지 않을 수도 있다. 예를 들어, 그가 의사에게 불편함을 느끼는 경우이다.

의사와 환자가 의도하지 않음에도, 각자의 상상, 계획과 기대들은 상대방에게 전달된다. 구체적으로 말하면, 대부분 그 이유는 모르지만 환자는 자신의 의사에게서 가령 직감적으로 '의사가 내 얘기를 잘 들어준다'는 느낌을 가질 수 있다. 이런 판단이 서면 환자의 스트레스는 줄어들고, 자신감과 신뢰감도 생겨서 의사에게 솔직해진다. 이와는 반대로 환자가 '내 병은 중요하지도 않고 별거 아니야, 의사에게 부담만 주는 것 같아'라고 느끼면, 이로부터 다른 과정이 진행되는 것이다. 두 경우 모두 의사의 생각과 기대가 환자에게 전달된 경우이다. 하지만 정작 의학은 증상과 관련된 여러 정황—말로 표현하지 않는 내용—은 중요하게 생각지 않는다. 미국인 의사 드류 레더Drew Leder는 그와 같은 상황을 아주 재미있게 묘사했는데, 의학 윤리 전문가인 프란츠 요제프 일하르트Franz Josef Illhardt가 자신의 책에 이렇게 인용하고 있다. 한 의사가 청진기로 환자의 심장과 폐의 소리를 듣고 있었다. 환자가 자신에 대해 이야기를 막 시작하자, 의사는 "조용히 하시오. 청진기로 듣는 동안에는 당신이 하는 말을 들을 수 없단 말이오!"라고 했다는 것이다. 환자가 주관적으로 인지한 내용은 사실 의사가 의학적인 기구를 이용해 진단한 결과와 똑같이 중요한데 말이다.

환자의 생각과 기대 역시 매우 중요하다. 그들의 내적인 독백—여기에서도 환자는 결코 생각해보지 않았고 또한 말로 표현하지 않는다—은 다양할 수 있어서 의사의 독백과 마찬가지로 그 의미를 다양하게 해석할 수 있다. 가령 "몸의 상태가 좋지 않아요. 당신을 믿으니 나을 방법을 말해주세요"에서부터 "당신은 나를 치료할 책임이 있어요. 당신이 얼마나 훌륭한 의사인지 어디 한번 두고 봅시다." 혹은 "내 병은 고쳐주되, 내 사생활의 문제는 건드리지 마시오." 그리고 심지어 이런 의미일 수도 있다. "아무도 나를 돕지 못해, 당신조차도." 혹은 "나는 의사들의 치료법을 믿지 않아요. 하지만 당신의 도움으로 다른 것을 이룰 수 있기를 바라지요."

환자의 생각과 감정도 기대되는 행동 과정을 암호화한 내적 프로그램에 해당한다. 환자의 자세·견해·기대 등은 수많은 신호를 거쳐 의사에게 전달되는데, 환자 자신이 품고 있는 공포, 희망 혹은 바람을 말로 표현하지 않고 숨길 경우 오히려 더 잘 전달될 수도 있다. 그러면 환자가 품은 생각과 태도는 의사에게 직감적인 공명을 불러일으킨다. 다시 말해, 의사는 자신도 모르는 사이에 환자가 품은 생각과 태도에 상응하는 느낌을 가지게 되는 것이다. 그와 같은 공명은 두 번째 단계로 진행되어 또 다른 반응을 불러온다. 만일 의사가 공명 반응을 하는 가운데, 환자가 자신의 증상을 보여주기를 두려워한다는 점을 감지할 수도 있다. 그러면 이를 인지한 의사는 두 번째 단계에서 지금까지와는 다른 견해, 즉 좀 더 관심을 가지고 배려하는 반응을 보여주게 된다. 따라서 의사가 보여주는 공명은 치료의 효과뿐 아니라 치료 과정에 지대한 영향을 미친다. 거울 현상은 이렇듯 모든 치료 과정에서 가장 커다란 영향을 미치는 요소임에도, 사람들은 이 현상을 거의 고려하지 않거나 전혀 고려하지 않는다.

심리 치료 방법으로서 공명

심리 치료에서도 도움을 청하는 자와 도와주려는 자 사이에 그와 비슷한 만남이 이루어지지만, 일반적인 의사의 치료와 세 가지 중요한 차이점이 있다. 첫째, 정신과의사와 환자의 만남에서 가장 우선 되는 것은 개인적인 만남이라는 점이다. 심리 치료 혹은 정신 치료에서는 의학적 장비가 없을뿐더러, 환자와 의사는 다른 사람이 없는 상태에서 규칙적으로 만나기 때문이다. 둘째, 환자와 정신과의사 사이에 이루어지는 상호 거울 현상은 심리 치료의 부수적인 현상이 아니라, 치료 방법과 치료 대상을 고려할 때 가장 중요한 요소이다. 마지막으로, 보통의 의사들과 달리 정신과의사는 질병을 치료할 때 두 가지를 연관시켜 치료한다. 즉 환자의 질병만을 치료하는 것이 아니라, 환자의 건강과 행동이나 느낌에 관한 환자의 내적 프로그램 사이의 관계를 고려해 치료에 임하는 것이다. 이는 한 사람의 태도나 체험뿐 아니라, 그 사람의 생물학적 반응 모델도 결정짓는다.

심리 치료에서 공명은, 다시 말해 느끼는 능력과 공감을 할 수 있는 능력은 두 가지 의미를 갖는다. 한편으로 느낌과 관련된 문제들은 사람들이 심리 치료를 받으려는 핵심적인 원인이 된다. 그러므로 감정적인 공명의 문제는 치료해야 할 중요한 대상이 되는 것이다. 다른 한편으로, 공명은 치료하는 방법으로서 중요한 역할을 하는데, 도움을 청하는 자와 도와주려는 자가 치료의 효과를 얻기 위해 사용하는, 이른바 치료상의 도구이다. 후자부터 우선 다루어보자. 공명과 거울 현상이라는 것이 심리 치료를 할 때 왜 중요할까? 훌륭한 정신과의사라면 환자가 이성적으로 말하는 내용만 인지하지 않고, 환자가 관심 있게 내보내는 직감적인 신호와 보고 역시 고려해야만 한다. 따라서 정신과의사는 환자가 신체상으로 보내는 다양한 특징을 관찰하는 것 외에, 치료 과정에서 환자가 부수적으로 늘 새롭게 보여주는 공명들도 인지해야만 한다. 일반적으로 환자는 즉석에서 떠오르는 생각을 공명으로 표현하며, 매우 드물지만 신체상으로 느낌을 표현할 수도 있다.

환자로 인해 무의식적으로 보여주는 의사의 공명들은 치료의 방향을 결정하는 데 소중한 정보가 되며 치료에 결정적인 도움을 제공한다. 환자들은 스스로를 억누르거나 자신에게서 진행되고 있는 어떤 것을 말로 표현할 때 어려움을 느끼거나 전혀 표현하지 못할 때도 있다. 따라서 의도적인 것은 아니지만 환자의 이야기 속에는 거짓말과 서로 연결되지 않는 내용도 있기 마련이다. 이때 의사가 환자에게서 인지하는 내용은 의사에게 공명을 불러일으키고, 이 공명은 정상적인 사람을 이해할 때 기울이는 관심보다 훨씬 뛰어나다. 그리하여 이 공명으로 의사는 환자가 언급하지 않은 내용을 보충하여 생각하고 느낄 수 있고, 이로써 환자의 거짓말이 어디에서 시작되었으며 서로 연결되는 않는 내용까지도 유추할 수 있는 것이다. 이 같은 의사의 공명은 환자에게 좀더 폭넓은 보충적인 사고와 감정을 불러일으켜 마침내 환자는 거짓말이나 엉뚱한 말을 그만두게 된다.[3]

이는—심리 치료를 받는 상태이거나 아니거나—다른 사람에게 보충적으로 사고할 수 있게 해주는 거울뉴런이 작동한 결과이다. 이에 대한 설명은 앞서 묘사한 실험을 참조하기 바란다.[4] 잠시 실험실의 세계로 가보자. 운동을 관장하는 신경세포가 팔과 손의 근육을 움직이기 바로 전에 한 사람이 땅콩을 잡는다. 그러면 이 사람은 행동 프로그램과 목표에 대해 전반적으로 알고 있는 신경세포, 즉 전운동피질에 있는 상위 신경세포를 활성화시킨다. 이 신경세포들은 '땅콩을 집어라'는 행동 계획을 부호화하고 있어 그에 상응하는 행동의 시작을 알릴 수 있으며, 자신이 직접 행동하지 않고 다른 사람이 땅콩을 집는 장면을 관찰할 경우에도 활성화된다. 또한 거울세포들은 관찰자가 행동의 전반적인 과정이 아니라 행동의 초기만 관찰하더라도 활성화된다. 행동의 두 번째 단계를 눈으로 볼 수 없게 만들어 관찰자가 행동의 과정을 끝까지 보지 못하는 상황에서도 거울뉴런은 작동했다. 거울뉴런들이 이전의 경험을 바탕으로 행동 전체에 대한 상상을 이미 저장해두었기 때문이다. 결과적으로, 어떤 과정의 일부분만 분명하게 인지하더라도 관찰자의 머릿속에서는—여러 단계 중 한 부분이 빠져 있다는 점을 무시한 채—전반적인 행동 과정을 하나의 목표로 인지하고 있는 신경세포가 거울 현상을 불러일으키는 것이다.

정신과의사가 환자의 보고를 보충해서 생각한다는 측면과 관련해 실험해보니 다음과 같은 결과가 나왔다. 한 사람의 삶에서 일어난 과정이나 이야기들은, 비록 특정 부분이 언급되지 않거나 숨겨져 있더라도 함께 체험하는 사람의 거울뉴런을 통해서 그 특정 부분을 보충할 수 있고 이로써 직감적으로 이해할 수 있다는 것이다. 물론 이렇게 되려면, 환자가 얘기하는 부분들은 의사가 충분히 근거로 삼을 수 있을 만큼 중요한 내용이어야 한다. 여기서 우리는 심리 치료를 구성하는 두 가지 중요한 요소를 알 수 있다. 물론 이 방법의 신경생리학적 토대는 거울뉴런이다. 우선, 환자가 스스로 잘 알고 있으며 보고할 수 있는 기분과 생각을 직감적으로 이해하는 것이다(이때 심리치료사와 환자는 서로 설명하지 않아도 이해하기 때문에 심리치료사의 '일치하는 거울 반응'이라고 한다). 두 번째 요소는, 환자가—대부분 깊은 상처로 인해—느끼지 못하고, 생각하거나 말로 표현할 수도 없는 행동이나 감정의 단계들을 보충하여 이해하는 것이다(이 경우에는 환자가 말하지 못하는 부분을 심리치료사가 보충해서 이해해야 하므로 심리치료사의 '보충적 거울 반응'

이라고 한다).

심리 치료의 대상과 내용으로서 공명

심리 치료에서 거울 효과와 공명은 단지 치료 방법의 일부분에만 그치지 않는다. 환자의 처지에서 보면 감정을 둘러싼 문제들로 의사를 찾는 경우가 가장 흔하다. 바꿔 말하면, 감정이란 거울 현상과 공명 현상에 지속적으로 예속되어 있으므로 이 현상들은 치료의 중요한 대상이자 내용이라는 뜻이다.

거울 반응을 할 수 있는 능력과 할 수 없는 상태, 이 두 가지 모두 사람들의 마음에 문제를 일으킬 수 있다. 그러니까 두 가지로 인해 늘 감정상의 고뇌를 겪거나 혹은 인간관계에 심각한 어려움이 생길 수 있다. 거울 반응을 전혀 할 수 없거나 잘 할 수 없는 사람은, 다른 사람들과 직감적인 접촉을 할 수 없으며, 다른 사람이 무엇을 느끼고 원하는지 알 수 없다고 한다. 많은 사람들은 특정 인간관계에서 오해를 하거나, 혹은 함께 상대를 발견할 수 있는 결정적인 순간을 놓치고 만다. 하지만 거울 반응을 하고 다른 사람의 감정에 직감적으로 적절하게 반응하는 사람들도 그와 같은 문제에 부딪히고는 한다. 그리하여 많은 사람이 정신과의사를 찾아가는데, 이들은 모든 인간관계에서 상대적으로 빨리 지쳐버리기 때문이다. 이런 사람은 다른 사람들의 상상에 부합해 공명을 보여주는 능력이 있으며, 특히 다른 사람들이 원하는 것을 직감적으로 알아차리는 뛰어난 능력을 가지고 있다. 이들은 그처럼 다른 사람들이 원하는 것을 가능하면 충족시켜주지만, 상대는 이에 대해 전혀 반응을 하지 않거나 너무 늦게 반응함으로써 문제가 생기는 것이다. 또 다른 유형으로는, 다른 사람들보다 빨리 그리고 거의 중독된 것처럼 반응하지만, 그 때문에 인간관계가 상대적으로 빨리 망가지는 체험을 하는 사람들이 있다. 이런 환자들은 흔히 자신의 정체성에 문제가 있는 사람들이다. 요컨대 이들은 많은 것들에 관여하지만, 정작 자신이 누구인지 혹은 내적인 상태가 어떠한지를 알지 못한다. 이런 사람은 축구경기에 열광하는 사람들과 비슷하다. 즉 어떤 팀을 응원하는지도 모르는 채 마냥 좋아서 응원하는 사람과 비슷한 것이다.

심리 치료를 할 때는 다음과 같은 두 가지 체험이 모두 중요하다. 한편으로 공통된 감정을 발견하는 것이 중요하다. 직감적으로 상대방에게서 이해를 받고 또 내가 이해한다는 경험을 말하는데, 일치된 거울 체험이라 할 수 있다. 다른 한편, 자신의 감정을 발견하는 것이 중요하다. 즉 자신과 타인의 충동과 상상, 의도 사이에 있는 차이점을 반영하고, 이로써 정체성을 발견하는 것이 중요하다는 말이다. 사랑이 담긴 거울 효과를 받아본 경험이 부족하고, 스스로를 경직되고 편협하며 지나치게 이성적이고 감정이 부족하다고 생각하는 사람은 심리 치료를 받을 필요가 있다. 이런 사람은 치료 과정에서 거울 반응을 해야 한다. 그러기 위해 자신의 삶에 대해, 그리고 다른 사람들과의 교제 및 의사와의 접촉에 대해 어떻게 인지하는지를 용감하게 말할 수 있어야 한다. 이때 정신과 의사나 심리치료사들은 환자에게 신중한 질문을 던지면서 항상 말해줘야 할 게 있다. 즉 자신이 환자를 지금 어떤 식으로 체험하고 있고, 현재 환자의 느낌에 대해 어떻게 상상하고 있는지를 얘기해줘야 하는 것이다. 환자가 지금까지 자신의 직감적이고 감정적인 흥분을 이해하지 못했다면, 그렇듯 조심스럽게 환자의 감정을 알려주는 것은 매우 도움이 된다. 여기에서 결정적으로 중요한 것은 의사의 추측이나 언급이 정확하냐가 아니라(물론 가능하면 정확하고 올바르게 말해야 하지만), 환자와 의사 사이에 거울 반응이 일어나고 있느냐 하는 것이다. 이를테면 환자가 정신과의사에게 이해받고 스스로도 이해할 수 있는 마법을 발견하느냐가 훨씬 중요하다는 말이다.

정신과의사나 심리치료사가 환자의 거울 능력을 다시 키워주는 데 성공하려면, 우선 직감력을 충분히 사용할 줄 알아야 하고, 마음이 따뜻해야 하며, 인내심과 가능하면 유머도 있어야 한다. 이

밖에도 다른 전제 조건이 필요한데, 어쩌면 이 조건이 가장 중요할 수 있다. 즉 의사는 환자를—물론 의사로서의 거리감은 필요하지만—좋아할 수 있어야 한다.

심리 치료와 유사한 과정

일반적으로 우리가 정신과의사에게 받는 심리 치료 외에도 거울현상과 공명 현상이 심리를 치료해주는 역할을 할 때가 있다. 이치료법은 삶의 직감적이고 감정적인 측면을 발견하는 데 언어(의사와의 대화)만으로는 충분하지 않을 때 도움이 된다.

집중적인 운동 치료KBT: Konzentrativen Bewegungstherapie라고 하는이 치료 과정에서는 신체의 느낌을 인지하는 것이 주목적이다. 특별한 교육을 받은 체조요법사가 개인별 혹은 그룹별로 치료를 담당한다. 이 운동 치료법은 신체에 저장된 체험과 감정을 감지하는데 주의를 집중하는 방법으로 매우 효과적이다. 신체 가운데 이같은 정보를 주는 곳은 특히 예민한 부분과 약한 부분, 경직이나변비, 그리고 즉흥적인 몸의 움직임이나 태도가 나타나는 부위다.이때 거울 현상들은 매우 중요한 의미가 있는데, 환자와 치료사는환자의 몸에서 나오는 공명을 인지하는 데 주의하기 때문이다. 이 공명은 두 사람 모두가 감지한다. 즉 치료사는 환자의 몸을 외부에서 인지하고, 환자는 자신의 몸이 무엇을 말하는지 내적으로 감지하는 법을 배우는 것이다. 흔히 치료사들은 공명 능력을 배운 까닭에 환자의 몸이 무슨 말을 하는지 감지할 수 있다고 한다. 그러면 치료사와 환자는 환자의 몸에 대한 공명을 치료 과정 중에 얘기하게 된다. 운동 치료법을 통해 기억이나 감정들은 유동적이 될 수 있고, 또한 그렇게 되어야만 한다. 운동 치료법을 실행하는 치료사들은 수준 높은 교육을 받은 덕분에 이 과정을 조심스럽게 통제하고 유동적인 감정을 대화로 잡아낼 수 있다.

거울 반응이라는 관점에서 실시되는 몇 가지 다른 치료도 흥미롭다. 이때 환자들은 몸으로 다양하게 표현할 수 있는데, 가령 상징적인 의미가 있는 태도, 움직임 혹은 몸짓(가령 틸만 모저Tilman Moser의 심리 치료를 수정한 형태로 알베르트 페소Albert Pesso가 실시한 치료법이 있고, 율동법이라는 것도 있다)을 보여주게 된다. 또한 환자들은 자신의 목소리를 시험하기도 하고(음악 치료, 음성 치료) 혹은 율동을 통해 표현하고 치료하는 방법도 있다(춤 치료). 신경생리학적으로 볼 때, 목표가 뚜렷한 모방, 그러니까 감정적으로 중요한 표현 형태와 몸짓의 모방은 의미 없는 단순한 현상이 아니다. 핵자기공명 촬영으로 관찰해보니, 특정 감정으로 인한 몸짓의 모방은 각기 그에 속하는 감정 중추를 활성화시킬 수 있었다. 즉 이 말은 특정 몸짓이나 인상을 의식적으로 수용하면 그에 상응하는 감정을 같이 만들어낸다는 뜻이다. 앞에서 언급한 치료법들은 효과적인 결과를 얻기 위해 다른 원칙도 만들어두고 있지만, 어쨌든 거울세포라는 장치는 어떠한 치료법에서도 중요한 역할을 수행한다.

거울 반응을 하는 모든 것이 좋고 신뢰할 만하지는 않다

거울 반응을 하는 모든 것이 거울 반응이기 때문에 좋고 믿을 만한 것은 아니다. 오히려 정반대이다. 치료상 하는 거울 과정은 우리가 일상에서 볼 수 있는 빛의 반사와 같은 거울 현상과는 다르다. 치료하면서 개발되는 거울 현상들은 레이저 광선과 같아서 손상을 입힐 수 있다는 말이다.

배열 혹은 가족 배열법은 매우 효과 있는 치료 과정으로, 환자는 자신의 직감에 따라 의미 있는 방식으로 다른 환자들을 가족 중의 한 사람으로 지정하고 배열한다. 질문과 여러 가지 지시 사항을 통해 치료사가 어떤 상황을 설정하면, 역을 맡은 사람들은(환자뿐 아니라 가족의 역을 맡은 환자들 역시) 강렬한 공명 반응을 보여준다. 그 결과 지나치게 강한 감정적 반응이 나타날 수도 있다. 교육을 받은 심리치료사나 가족관계치료사만이 그와 같은 과정을 책임 있게 다룰 줄 안다. 따라서 이런 치료사들이 없을 때 가족 치료법을 실시하게 되면, 우발적인 사건이 터져서 심각한 경우 자살할 수 있으므로 그리 추천하고 싶지는 않다.

최면은 무엇보다 목소리나 호흡을 통해 치료사와 환자 사이에 강렬한 공명을 불러일으킬 수 있는 과정이다. 이때 치료사의 거울 반응은 곧장 환자에게 투과되어 암시 효과가 매우 커진다. 즉 치료사가 말로 묘사하는 상상이나 행동의 의도 혹은 신체의 상태에 관한 묘사는 환자에게 즉각 영향을 미쳐, 그에 상응하는 환자의 거울 장치를 활성화시키고, 환자의 행동에 대한 상상뿐 아니라 신체의 느낌도 변화시킬 수 있다. 환자가 최면에 걸리면 자신과 타자의 경계를 구분하는 능력이 감소되므로 심각한 부작용이 발생할 수 있다. 무엇보다 정신병적인 반응을 보일 수도 있다. 최면은 독자적인 치료 과정을 응용한 형태로서 단시간 안에만 효과가 있다(가령 수술을 할 때 고통을 덜어주는 경우). 또한 의사나 심리치료사가 아닌 다른 사람이 최면을 실시할 경우에는 응하지 않는 것이 좋다.

신경생리학과 정신의학에서
특정 목적으로 사용하는 거울 치료법

최초로 거울뉴런 장치를 이용해 치료를 시도한 것은 2003년 초로, 독일 뤼베크 신경생리학 종합병원에서 일하는 신경생리학자 페르디난트 빈코프스키Ferdinand Binkofski를 비롯한 연구원들이었다. 이들은 거울 장치를 통해 운동성 행동을 관찰하면 관찰자의 뇌에 있는 전운동신경이 활성화되는 점을 환자들에게 이용하고자 했다. 그들은 뇌졸중으로 쓰러진 환자가 근육을 관장하는 신경세포인 운동성 신경세포에 손상을 입자 이 환자를 돕고자 했다. 이들의 의도는 환자가 뇌졸중으로 잃게 된 바로 그 운동을 관찰함으로써 환자의 전운동피질에 있는 신경세포들이 자극받도록 하는 것이었다. 이렇게 활성화된 환자의 신경세포들이 운동뉴런을 활성화시켜 점차 운동 능력을 회복하면 치료는 성공하는 셈이었다. 환자는 우선 4분간 비디오를 통해 자신이 배워야 할 운동을 지켜보았고, 그 다음 4분간 체조 치료 연습을 통해 그 운동을 실제 따라하려고 노력했다.

　신경생리학계에서 선구적인 연구가 뤼베크에서 일어났듯이 정신의학에서도 그와 비슷한 연구가 일어났다. 거울 반응 심리 치료법은 특히 자신의 감정을 감지하거나 다른 사람의 감정을 인지하는 데 심각한 어려움을 겪는 사람들에게 적합하다. 특히 자폐증과 감정을 읽을 수 없는 증상을 가진 사람들이다. 사진 촬영으로 관찰해보니, 환자가 심리를 드러내는 몸짓을 모방하면 그에 해당하는 감정 중추가 활성화되었다. 거울 반응 치료법은 환자가 놀이처럼 특정 몸짓을 모방하도록 하므로, 그 몸짓으로 표현하는 감정을 느끼는 데 도움이 된다. 이 치료를 진행하는 방식은 다음과 같다. 치료사와 환자는 상호 몸짓이나 신체의 태도를 모방하고, 모방할 때마다 서로 이 같은 과정을 어떻게 체험하는지를 얘기한다. 이 과정에서 중점을 두어야 하는 것은 친절하고 수용하는 몸짓이어야 한다. 그런 뒤에 다른 몸짓, 가령 불신, 반항심 혹은 도움이 필요할 때와 같은 몸짓을 해본다. 공격적인 몸짓은 환자가 공포심을 느낄 수 있으므로 가능하면 하지 않는 것이 좋다. 이런 연습은 환자의 상태가 어떠한지 조심스럽게 살피면서 이루어져야 하고, 강제로 과정을 진행시키면 역효과가 난다. 또한 이와 같은 종류의 거울 반응 연습은 이 과정에 대한 교육을 충분히 받은 치료사나 집중적인 운동 치료법을 교육받은 이들이 실시해야 한다.

10

일상에서의 인간관계와 삶의 형태:

거울세포에서 배울 수 있는 것들

거울뉴런 장치 가운데 어떤 측면이 개인의 일상에 중요할까? 만일 우리가 사람들과 나누는 대화의 감정적인 측면, 직감적으로 상호 주고받는 이해, 즉각적인 관심과 개인적인 공명을 우리 삶의 중요한 요소라고 간주한다면, 거울뉴런은 우리의 일상생활에서 결코 하찮은 것이 아니다. 생물학적 장치인 인간이 다른 사람에게 일련의 신경생물학적 공명을 통해 반응한다는 것은 무슨 의미일까? 그것은 우리가 우리와 함께 살고 있는 사람들의 내적인 상태, 그들의 의도, 감정과 느낌에 대해 직접적으로 해명할 수 있는 천

부적인 능력을 지니고 있다는 뜻이다. 다른 사람들이 우리에게 불러일으키는 공명들은 우리의 신경생리학적 장치 안에서 효과를 발휘한다. 또한 이는 우리 자신의 내적인 상태를 인지하고 조정하는 역할을 한다. 다시 말해, 우리는 다른 사람들이 느끼는 것을 내적 모의실험을 통해 즉각 체험할 수 있는 것이다.

직감의 장점과 단점

우리는 거울뉴런을 통해 다른 사람에 대한 정보를 직접적으로 그리고 즉각 사용할 수 있어서, 우리의 의식이 별도로 그것을 분석하거나 구성 혹은 계산할 필요가 없다. 거울뉴런 장치가 생산해내는 것은 즉석에서 이루어지는, 사고가 필요 없는 직감적 이해다. 그렇듯 거울뉴런 장치가 자동적으로 그리고 함축성 있게 작업하므로 사람들은 지극히 신속하게 서로 동조하고 적응할 수 있는 것이다. 이미 언급한 바 있듯이, 상황을 직감적으로 추측한다고 해서 이성적인 분석을 제외시킨다는 것은 아니다. 그러니까 우리는 직감과 더불어 사고를 통해 상황을 분석하고 지적인 수단으로 탐구하게 된다. 따라서 가장 정확하게 방향을 잡으려면, 두 가지 방법을 적절하게 결합해 사용해야 한다. 두 가지 모두 약점이 있기 때문이다.

　직감이 어떤 상황으로부터 결론을 이끌어낼 때 사용하는 기준은 모델인데, 이 모델은 지금까지 얻은 실제의 경험들을 기초로 만들어진다. 그래서 직감적인 장치는 무엇보다도 다음과 같은 경우에 속거나 실수를 저지르게 된다. 일반적으로 실제 나타날 결과와는 다른 결과를 기대하도록 만드는 신호와 지시 사항들을 직감적인 장치에 소개할 때다. 이런 식으로 속게 되는 경험 가운데 진부한 경우는 연애할 때 혹은 중고차를 구입할 때다. 다시 말해, 직감이라는 장치는 많은 것을 약속해주거나 신뢰할 수 있을 것 같은 신호들을 내보내지만, 이 신호들이 직감적으로 발생한 기대감을 충족시켜주지는 않는다.

　이와 같은 경우에 도움이 되는 것은 이성적인 방법이다. 하지만 사람들이 오로지 이성적인 방법만을 사용한다면, 이 방법 역시 우리를 적지 않게 실망시킬 수 있다. 이성적인 사람, 수학적 논리나 물리학적 논리가 대체로 사용하는 기준은 흔히 주관적이고 직감적인 요소를 무시하는 경우가 많다. 이로 인해 지적으로는 정확하지만 인간관계를 고려할 때 완전히 실수를 범하는 경우가 발생한다. 예를 들어, 세상에 모르는 게 없는 듯 잘난 체하는 사람이 저녁 모임이나 파티에 참석했는데, 이 사람은 다른 사람의 말이 틀리면 그냥 있지 못하고 계속 고쳐주는 것이다. 그러면 사람들은 그를 쏘아보다가 급기야 미워하게 된다. 하지만 정작 당사자는 이런 대우를 받으면 매우 놀랄 것이다. 그는 미움을 사는 게 아니라 오히려 칭찬을 받아야 마땅하다고 생각하니까 말이다. 물론 그는 올바른 말만 했지만, 직감적인 관점에서 볼 때 완전히 빗나간 태도를 취한 셈이 된다. 그가 다른 사람들이 보내는 직감적인 신호를 인지했더라면 그런 일은 일어나지 않았을 것이다. 즉 오늘 저녁은 실수를 발견하고 지식을 전해주는 저녁이 아니라는 신호를 인지했더라면 그 사람은 미움을 받지 않았으리라는 것이다.

직장과 가정에서 일어나는 거울 현상

사회적 정체성과 개인적 정체성 사이의 균형(5장과 7장) 외에도 일상생활에서는 균형과 조화를 이뤄야 하는 행동이 매우 중요한 역할을 한다. 그리하여 우리는 단체나 혹은 두 사람의 관계에서 상대의 기분이나 의도에 기꺼이 따르는지, 아니면 이와 같은 균형이 권력에 의해 영향을 받는지에 관해 의문을 가져볼 수 있다. 이런 종류의 불균형은 일상생활에서 늘 볼 수 있으며, 이로부터 갈등이 발생하는 경우가 많다. 직원들이 사장의 생각과 계획, 그리고 기분을 이해하고 이에 대하여 긍정적인 공명을 보여주려 노력하는 것은 결코 잘못된 행동이 아니다. 하지만 이런 태도가 항상 일방통행으로 이루어져서는 안 된다. 감정이입 능력이 부족하면 무능한 관리자가 되기 십상이다. 비효율성으로 고민하는 팀들을 자세히 들여다보면, 대체로 상사나 직원들의 감정이입 능력이 부족하다는 점을 발견할 수 있다.

불균형이라는 상황은, 당사자들이 의식하지 못할지라도 가족관계에서도 나타날 수 있다. 흔히 불균형 상태에 있는 가족관계는 경직된 구조를 띤다. 즉 가족 구성원 가운데 특정 사람은 늘 느껴야 하는 처지에 있고, 다른 사람은 감정이입을 수용하는 역할만 맡는 것이다. 대부분 아이들은 직장인들과 비교할 때 '이해하는 자'의 역할을 맡는다(이와는 반대로 집안 전체를 뒤흔드는 아이도 있다). 이와 같은 형태의 불균형은 남녀관계나 부부 사이를 해치는 경우가 많다(6장 참조). 두 사람이 서로 상대에게 관심을 보여주고, 상호 질문도 하고 배려해주는 관계인가? 아니면 일방적으로 한쪽이 상대에게 감정이입을 강요하기만 하는가?

사회적 공명 공간이라는 매력적인 잠재력과
개인의 정체성 보존

대부분의 사람들은 일상생활에서, 한편으로 외부의 자극을 이해하고 동의하며, 다른 한편으로 자신의 정체성을 지켜야 하는 것 사이에서 균형을 유지해야만 하는 상황을 맞이한다. 무엇보다 사회에 특정 의견이 유행하고 있어 개인에게 동일한 의견을 강요할 경우, 개인이 사회의 의견에 어긋나는 의견을 갖기란 여간 어렵지 않다. 이런 종류의 군중심리학적 현상에 대해 이미 100년 전에 프랑스의 의사이자 문화학자인 구스타프 르봉Gustave LeBon, 1841~1931 은 다음과 같이 서술했다. "이념, 감정, 격앙, 신념과 같은 것들은 미생물처럼 강한 전염성을 지니고 대중에게 퍼진다. 이 같은 현상은 무리로 모여 사는 동물들에게서도 관찰할 수 있다. 마구간에 있는 말 한 마리가 구유를 물어뜯기 시작하면 곧장 다른 말들도 따라한다. 몇 마리의 양이 놀라서 어수선하게 움직이면 이어서 다른 모든 양도 불안에 휩싸인다. 이렇게 감정이 전달되는 이유는 갑작스럽게 경악하기 때문이다."

인간의 거울 장치는 사회적인 움직임에 따라 움직이는 직감적인 경향이 있다. 따라서 사회의 추세란 거대한 원동력으로 발전하여 빠른 속도로 공동체에 속해 있는 사람들에게 거부할 수 없는 가치로 자리잡게 된다. 사회의 추세나 동향에 속하는 의도 · 애호 · 행동 등을 자신의 신경생물학적 프로그램으로 통합하지 않거나, 사회의 추세에 자신의 프로그램을 활성화시킬 준비가 되어 있지 않은 개인은 금세 공동체의 이해 공간에서 배제된다.

다른 사람들이 좋다고 간주하는 것을 좋다고 하고 싶은 바람은 신경생리학적으로 타고난 욕구 때문에 생긴다. 이를테면 사회의 정체성에 대하여 거울 반응과 공명을 보여주고, 그 정체성에 머물고자 하는 신경생리학적 욕구를 타고나기 때문인 것이다. 그리하여 몇몇 사람이 생각하기에 모든 사람이 함께 가져야 한다고 간주하는 의도나 기분들은 전염병처럼 사회 구성원들에게 퍼져나간다. 신경생리학적 장치는 마치 하품처럼 전염되는데, 그 장치가바로 거울 현상인 것이다. 하지만 어떤 추세나 경향이 엄청 막강하게 보일지라도, 그 추세와 정반대되는 것이 나타나서 추세를 멈추게 하거나 혹은 역전시키는 경우도 많다.

이와 같은 일들의 배후에는 윤리적인 문제가 숨어 있다. 이는 신경생리학적 문제 때문에 생기는 현상으로 사회로부터 나오는 공명 반응과 그로 인해 발생하는 대중 현상들은 윤리적인 현안, 특히 정치적이고 경제적인 선동에 상당히 약하다. 우리 모두는 물건을 구입할 때 압력을 받아본 경험이 있으니 잘 알 것이다. 하지만 그 효과는 더 광범위하다. 대중으로부터 나오는 공명 현상은 파괴적인 잠재력으로까지 발전할 수 있다는 것이다. 독일 나치즘을 비롯해 그 밖에도 많은 예가 있다. 여기에서 인간과 인간성이 가지는 기본 현상 중 하나인 공명 현상이 동시에 인간성의 말살이라는 대중 현상으로까지 발전할 수 있다는 점은 모순으로 보인다. 정신의학은 이런 현상이 나타나는 원인을 다음과 같이 보고 있다. 개인적인 환경에서는 인간관계와 감정적인 공명을 잘 하지 못하는 사람도 군중이라는 무리 속에 들어가게 되면 비이성적이고 파괴적인 공명 반응에 쉽게 노출되기 때문이라는 것이다.

윤리적 관점에서 중요한 점은, 공명을 하는 능력만큼 중요한 것이 공명 현상에 저항할 수 있는 능력이다. 이는 사람들이 그렇게 하는 것을 배웠을 때만 가능하다(윤리적인 기본 자세가 거울 공명을 만들어낼 수 있는가의 여부는 아직 해명해야 할 부분이다). 그러므로 그룹의 강요와 대중 현상에 맞서 저항할 수 있는 태도—공명 체험과 마찬가지로—는 우리가 아이들에게 가르쳐줘야 하는 부분이다. 어린이는 사회적 공명과 자신의 정체성 사이에 조화와 균형을 이루는 법을 배워야 한다. 이들은 자신에게 제공되는 모든 거울 행동에 굳이 반응할 필요가 없으며, 자신의 정체성을 유지하는 것도 매우 중요하다는 점을 배워야 한다. 아이들이 이와 같은 것을 배우려면 본보기가 필요한데, 즉 아이들과 가장 가까운 사람들이 사회로부터 가해지는 모든 압력에 굴복하지 않는 모습을 보여줘야 한다.

아름다움에 대한 인지 혹은: 뇌는 쓰레기통이 아니다

아름다움 혹은 미美가 거울뉴런과 무슨 상관이 있단 말인가? 거울
뉴런은 우리가 본 것과 우리가 직접 느끼는 것 사이를 연결해주는
신경생리학적 연결체다. 파괴와 폭력에 관한 그림들은 신경생리
학적 모델로 저장되고, 이는 우리의 상상을 구성하는 내용물이 된
다. 이전에는 상상하지도 못했던 것들을 보고 체험하고 나면 자신
의 그림으로 수용하고 마는 것이다. 잔인하고 끔찍한 일들을 볼
수밖에 없는, 폭력이 난무하는 지역에 살고 있는 사람들에게 그와
같은 체험이 어떻게 작용하는지를 보면 충분히 추측할 수 있다.
그런데 우리는 실제로 일어나는 끔찍한 일들로 충분하지 않다는
듯, 청소년들에게 타인을 괴롭히는 온갖 영화와 사람들을 쫓고 괴
롭히고 죽이는 컴퓨터 게임을 제공하고 있다. 많은 연구를 통해
나온 결과에 따르면, 폭력을 다루는 영화와 게임을 소비하는 행위
와 청소년들의 폭력 사이에는 뚜렷한 연관성이 있다고 한다. 여기
에서 우리는 대중매체가 지녀야 할 윤리의식에 대해 의문을 던질

수 있다.

파괴적인 행동이 신경생리학적으로 미치는 영향은, 아름다움이 신경생리학적으로 미치는 영향에도 해당된다. 즉 우리가 보는 모든 것은 우리에게 흔적을 남긴다는 말이다. 많은 사람들은 아름다움이 우리에게 불러일으킨 영향을 잊어버리기도 한다. 인지를 담당하는 인간의 뇌는 우리에게 제공되는 온갖 청각적·시각적 쓰레기로 가득 차 있다. 우리는 당연히 이 모든 것들로부터 영향을 받아야만 할까? 음식물을 섭취하면서 들이는 엄청난 비용을 고려해볼 때—우리의 경제는 대체로 이로써 돌아간다고 할 수 있다—놀랍게도 우리는 우리의 뇌가 쓰레기통이라는 생각을 공공연하게 한다. 따라서 어떤 인상을 받아들이고, 우리에게 유익한 것과 그렇지 않은 것이 무엇인지 곰곰이 따져봐야 할 것이다. 그리고 우리 자신에게 유익하다고 간주되는 것을 더 많이 보고, 더 많이 체험하고 행하기 위해 적극적으로 노력해야 한다. 우리는 위·심장·간 등을 위해서 뿐 아니라, 우리의 뇌를 위해서도 다이어트를 해야 한다. 정신과 관련해서도 메뉴판이 있다고 보면 된다. 즉 메뉴판을 들여다보며 메뉴를 골라서 먹어야지, 우리에게 제공되는 모든 패스트푸드를 삼켜서는 안 된다.

11

유전자,
뇌와 자유의지라는 문제

"생물은 제2의 물리가 아니다." 이 말은 에른스트 마이어Ernst Mayr
가 한 말이다. 진화생물학계의 위대한 연구가이자 철학자라 할 수
있는 그는 2005년 사망했다. 그의 말은 생물이란 실제로 나름대로
의 법칙이 있다는 뜻이다. 아메바에서부터 영장류에 이르기까지
모든 살아 있는 조직은 특정 원칙에 따라서 자신들만의 고유한 태
도를 결정하며, 이 원칙은 기계가 작동할 때 적용되는 원인과 결
과라는 물리학적·화학적 원칙과는 사뭇 다르다. 물론 살아 있는
조직들도 물리와 화학의 원칙에 속하지만, 이들의 독특한 태도는

물리와 화학의 원칙에 따르지 않는다. 생물은 인지 기관, 가령 수용체나 신경섬유를 통해 기록한 신호들에 의해 행동한다. 이들은 외부 세계의 변화를 자신의 생물학적 체계로 인지할 수 있을 때만 태도나 반응을 바꾸게 된다. 즉 우리가 방사선이나 독극물에 대한 수용체를 가지고 있지 않기 때문에 큰 피해를 입을 수 있으며, 뇌가 대체 수용체의 기능을 떠맡을 경우 우리의 반응은 달라질 수 있다.

최근에 많은 관심을 받고 있는 우연의 법칙을 생물에 적용하기는 힘들 것이다. 생명체는 항상 바뀌는 신호에 따라 반응하기 때문이다. 하나의 생물이 수신한 신호로 어떤 결정을 내릴지의 여부는 생물 자체 조직이 정해둔 과정의 결과일 뿐이다. 여기에서 과정이란 생물이 수용한 신호를 자체적으로 작업하고 평가하는 것으로, 무엇보다 다른 신호와의 비교를 통해 이루어진다. 인간의 경우 생물학적 자체 조직의 핵심 부분은 바로 뇌이다. 인간의 뇌는 자신의 신체에서 나오는 신호뿐 아니라 주변 환경으로부터 받는 신호를 기록하고, 조정하고, 평가한다. 그리고 인간의 뇌는 반은 무의식적으로 반은 의식적으로 조정한 과정들을 태도로 바꾼다. 이 덕분에 인간은 끊임없이 변하는 주변 환경에 적응할 수 있는 엄청난 능력을 가지게 된 것이다.

유전자 역시 신호에 반응한다

태도란 신체의 바깥 공간에서 일어나는 게 아니라 항상 생물 안에서 일어난다. 그래서 '태도 변화'가 일어났다고 하면 이는 생물학적으로도 변했다는 것을 의미한다. 하지만 이와 같은 학설은, 유전자가 우리의 신체와 태도를 영원히 결정한다고 하는 학설에 어떻게 부합할 수 있을까? 태도의 변화는 항상 생물학적 특성의 변화를 가져온다.[1] 생물에게서 일어나는 전반적인 과정은 유전자의 활성화를 기초로 하기 때문에 다음과 같은 의문이 생긴다. 하나의 생물이 반응하는 태도가 바뀌고 그리하여 생물학적으로 변하면, 유전자상으로는 어떤 일이 일어날까? 한 순간 유전자가 그와 같은 생물학적 변화를 통제할 수 없는 것일까? 그렇지는 않다. 만일 유전자가 신호에 반응하지 않으면, 살아 있는 조직 역시 신호에 반응하지 못할지도 모른다. 일각에서 통설로 받아들이고 있는 견해와는 반대로, 유전자는 자동 항법 장치로 작동하는 것이 아니라, 신호를 통해 활동을 조정한다. 세포 자체뿐 아니라 세포 밖이나 주변 환경도 그러하다.[2]

태도의 변화란 동시에 생물학적 변화라는 점은 뇌에도 적용된다. 가령 우리가 고통을 인지하고 작업할 때 사용하는 신경세포망은 그에 상응하는 신호들이 자주 등장하면 고통을 인지하는 장치를 강화한다. 특정 행동을 부호화하는 신경세포망도 역시 그러하다. 다시 말해, 이용하는 것은 신경생물학적 작동 범위를 강화하고, 연습하지 않는 것은 그 기능이 축소된다('사용하거나 잃어버리거나'). 이는 만일 환경이 규칙적으로 오랫동안 특정 종류의 신호를 생산해내면, 태도뿐 아니라 그에 동반하는 신경생물학적 과정도 구조적으로 그 상황에 적응한다는 의미가 된다. 예를 들어 피아니스트는 손의 운동을 부호화하는 임무를 맡고 있는 뇌피질의 영역이 극도로 촘촘해지고 거대해진다. 그리고 끔찍한 정신적 충격에 고통을 받은 적이 있는 사람은 고통을 담당하는 뇌의 영역이 변한다는 사실이 밝혀졌다. 특히 느낌을 관장하는 편도핵이 고도로 예민해졌다. 다른 생물들의 주변 환경도 인간과 마찬가지로 대부분 사회적 상호작용으로 이루어져 있다. 특히 인간관계는 인간의 태도와 생물학적 반응에 영향을 주는 가장 중요한 신호이다.

자주 변하는 상황에 늘 새로이 적응해야만 하는 종인 인간의 경우, 만일 한 가지 적응 프로그램만 사용하게 되면 오히려 불리할 것이다. 또한 어떤 상황이 이미 벌어진 순간 그 상황에 적합한 태도를 발전시키고 이에 필요한 생물학적 장치를 극대화시키기 시작하면, 오히려 더 좋지 않을 수도 있다. 그리하여 사람들은 살아가면서 만나게 되는 다양한 상황을 위해 그때마다 알맞은 적응 반응을 만들어놓았다. 그리고 우리는 이 반응들 가운데 필요한 것을 프로그램으로 즉시 불러낼 수 있다. 뇌피질에는 프로그램들로 이루어진 뉴런망이 있는데, 이때 프로그램들은 어떤 상황에 재빨리 적응 반응을 할 수 있게 해준다. 여기에서 가장 중요한 프로그램은 행동 프로그램이다.[3] 생물은 늘 특정 행동을 주관적으로 느끼기 때문에, 행동 프로그램은 신체의 느낌에 관한 프로그램과 같이 작동한다.[4] 감정 중추(전대상회와 편도핵)에도 갑자기 어떤 상황이 나타났을 때 이를 전체적인 적응 반응의 일부분으로 신속하게 불러오기 위한 프로그램들이 저장되어 있다.

사회적으로 공통된 행동 프로그램을 위한 신경생리학적 형태

개인이 행동과 느낌에 관한 프로그램을 소유하고 있다는 것은 전적으로 개인적인 문제가 아니다. 각자가 전형적으로 일어날 수 있는 상황을 대비하여 준비하고 있는 반응 프로그램들은 공명을 통해 한 사람에게서 다른 사람에게 활성화되고, 비교되며, 의사소통을 한다. 행동의 과정과 이에 속하는 느낌들에 관한 프로그램이 저장되어 있는 뇌의 영역에는 거울신경세포가 있기 때문이다. 거울 장치가 존재하는 곳에서는 개인이 직접 어떤 행동이나 반응을 준비할 때뿐 아니라, 다른 사람이 행동을 실행하는 것을 같이 체험할 때도 그와 같은 신경 프로그램이 작동한다. 그리하여 거울뉴런은 일종의 사회 신경생리학적 모델 혹은 형태를 만드는데, 개인을 비롯한 사회의 구성원들은 이 모델의 테두리 안에서 움직인다.

이와 같은 사실은 사람들이 자신의 태도를 결정할 때 얼마나 영향을 미칠까? 인간의 자유의지라는 의문과 관련해서는 어떤 의미를 가질까? 한 사람이 행동을 계획하고 이를 실행할 때 무슨 일이 일어날까? 우선 뇌에서는 행동을 계획하는 프로그램을 부호화하는 신경세포망이 활성화된다. 그러나 이렇게 활성화될 때마다 실제로 모든 행동이 실행되는 것은 아니다. 단지 그 행동을 상상하는, 이른바 행동에 대한 생각만으로 남아 있을 수도 있다. 따라서 행동에 관한 프로그램을 저장하고 있는 신경세포망은 계획 공간을 가지고 있는데, 이 안에서 개인이 실제로 실행시킬 수 있는 상상과 생각, 그리고 실현시켜서는 안 되는 상상과 생각에 관한 목록이 만들어진다. 이 공간에 거울뉴런들도 포함되어 있어 개인뿐 아니라 사회라는 환경도 이 계획 공간으로 들어갈 수 있다.

자유의지라는 영역

만일 우리가 다른 사람의 행동을 관찰하거나 함께 체험하게 되면, 우리 내부에서는 그 행동에 속하는 상상과 사고들이 자극받는다. 어린이는 물론 유아들도 대체로 그와 같은 관찰을 통해 발생하는 신경생리학적 공명으로 인해 그에 상응하는 태도를 취한다. 유아와 어린이는 자신들이 본 것을 직접 해보고자 하는 경향이 매우 강하다. 그러나 이를 저지하는 전전두엽이 성숙하게 되면, 거울 과정으로 이루어지는 모방 충동을 통제할 수 있다. 즉 아이가 모방할 수 있는 행동도 어른들은 단지 생각만으로 그치는 것이다. 전전두엽은 자기 통제의 영역으로 간주된다. 불행하게도 질병이 생기면, 특히 심각한 정신질환이나 전두엽에 손상을 입을 경우 이 사람은 모방하는 태도로 되돌아간다.

이제 자유의지가 관할하는 영역이 어디인지는 분명해졌다. 즉 자유의지는 스스로를 비롯해 세계를 새롭게 발명하는 것이 아니라 우선 자신의 뇌에 저장된 프로그램, 그러니까 행동, 신체의 느낌과 감정에 관한 프로그램들과 연결되어 있다. 보통 정상적인 사람의 경우, 바로 여기에 자유의지라는 영역이 있는 것이다. 우리가 자유의지로 선택한다고 하는 것은 특정 상황에 하나의 행동 프로그램 혹은 하나의 감정 프로그램을 허용할 것인지 그렇지 않으면 차단할 것인지를 선택하는 것이 아니다. 그보다는 각 상황마다 여러 가지의 반응 프로그램이 있기 때문에 삶을 통해 얻은 경험을 바탕으로 선택하는 것이다.

주어진 상황에서 여러 가지 프로그램 가운데 한 프로그램을 선택할지의 여부는 세 가지 기준에 따른다. 첫 번째 기준은 자신의 신체가 처한 생물학적 · 감정적 상황이다. 여기에서는 생물학적 기본 욕구(가령 배고픔, 피로, 움직이고 싶은 욕구)뿐 아니라, 감정적인 상태도 중요하다. 두 번째 기준 역시 아주 중요한 결정 요소로, 관계를 확고하게 다지고 중요한 사람들과 사랑으로 연결되기를 원하는 바람이다. 이런 측면은―뇌의 보상 장치를 통해―생물적인 현상이며, 어떤 사회에서든 자신의 생명과 관련된 욕구(예를 들어 생명이 위험한 지경에 처한 다른 사람을 보호해야 할 경우)보다 더 중요할 때가 많다. 마지막 기준은, 사회적 지위 혹은 사회에 얼마나 적응해 있느냐는 측면이다. 사회적 합의를 역행하거나, 높은 지위에 있는 사람 혹은 자신보다 강한 사람과 대립할 수 있는 행동 프로그램들은 대체로 유익하지 않다.

자체 조직 과정의 결과로서 자유의지

결정을 해야 하는 순간마다 우리는 수많은 전제와 조건들을 바탕으로 한다. 또한 그런 순간들은 수많은 현실적인 측면들로 구성되어 있어 다양한 결정을 내릴 가능성을 제공한다. 따라서 한 사람이 내리는―즉석에서 혹은 의식적인 의지의 행동으로서―결정은 결코 한 가지 측면으로 이해할 수 없다. 이미 11장의 서두에서 강조했듯이, 생물학적 장치가 취하는 태도나 반응은 하나의 원인으로 인해 나오는 결과가 아니며, 생물 자체 내에서 진행되는 과정의 결과일 따름이다. 인간의 경우 이와 같은 과정은 중추신경계에서 체계화하는데, 전전두엽에 있는 이른바 상급 기관이 모든 순간에 결정을 내리게 된다. 이와 같은 선택은 우리 마음대로 할 수 없으며, 전두엽 역시 새로운 세계를 발명하지는 못한다.

개인이 이용할 수 있는 다양한 행동 프로그램은, 즉 살아가면서 개인이 저장한 프로그램들은 한편으로 개별적인 결정을 내릴 수 있는 틀이 된다. 다른 한편, 개인은 결정을 내릴 때 앞에서 언급한 내적이고 외적인 측면 세 가지를 고려한다. 개인이 그와 같은 상태에서 내리는 결정이―이른바 사회적 일치라는 근거에서―바로 자유의지인 셈이다. 이렇게 규정되는 자유의지는 신경생리학적 의미도 있다.

최근 뛰어난 독일의 신경생리학자들이 자유의지에 대해 연구하게 되었다. 이들이 실시한 실험들은, 물론 위르겐 하버마스가 유명한 교토 연설(교토상은 문화와 학문에 기여한 학자들에게 노벨상을 제외하고 세계에서 가장 많은 상금을 주는 권위 있는 상이다. 하버마스는 2004년 이 상을 받았다—옮긴이)에서 지적했듯이, 자유의지에 대해 모든 것을 말해주지는 못한다. 자유의지는 앞에서 말한 전제조건들 가운데 한 가지 혹은 여러 가지 조건이 존재하지 않는 곳에서 문제의 소지가 있다. 무엇보다 다음에 나오는 세 가지 경우가 그렇다. 첫 번째, 질병이나 부상으로 전두엽의 기능이 심각하게 손상을 입었을 경우. 두 번째, 심각한 정신질환 때문에 자유의지로 결정을 내릴 때 필요한 신경생리학적·정신적 자체 조직 과정이 작동하기 힘든 경우. 마지막으로, 극단적으로 비정상적인 조건에 처한 사람이 주어진 상황에서 여러 가지 행동 가능성 가운데 하나를 선택하지 못하고 위축되는 경우.

자유의지를 포기하는 것이 신경생리학의 측면에서만 중요한 의미가 있는 것은 아니다. 학문적으로 자유의지라는 명제를 사장시켜버리면—학문적 측면에서 이루어지고 있는 토론은 간과하더라도—현실적으로 완전히 허무맹랑한 결과가 나오고 만다. 다시 말해 인간이란 결코 자유의지로 결정을 내리지 못하며, 따라서 그들의 행동을 설명할 수 없다고 믿게 된다면, 이는 운명론처럼 '자기충족적 예언self-fullfilling prophecy'이 되고 말 것이다. 그러면 건강한 개인이 결정을 내릴 때마다 고려했던 사회적 적응이라는 측면은 완전히 무시되므로 허무맹랑한 결과가 아닐 수 없다.

거울뉴런이 우리에게 가르쳐주는 바는 다음과 같다. 행동을 계획하는 신경세포망은 개인에게 하나의 공간을 제공하는데, 이 공간 안에서 행동에 대한 상상이 나오며 그에 상응하는 행동을 실행하지 않겠다는 결정도 내릴 수 있다. 이처럼 계획하고 상상하고 생각하는 공간은 동시에 신경생리학적 거울 현상과 공명 현상이 일어나는 공간이기도 하다. 다시 말해, 다른 사람의 행동을 관찰하거나 함께 체험하는 것은 우리에게 그에 상응하는 생각과 충동을 불러일으킨다. 우리가 그런 관찰이나 체험을 상상만 하고 실행하지 않겠다고 결정을 내리든, 혹은 우리 스스로 실행하든, 이는 우리—물론 평균적으로 건강한 정신 상태라는 전제가 필요하다—가 직접 곰곰이 생각한 끝에 결정하는 것이다.

12

진화의 중심 사상으로서
거울 현상

우리가 세상의 사물에 부여하는 표시나 명칭들은 행동에 관해 사
고하는 전운동피질에 들어 있다. 뇌는 행동의 가능성과 상호작용
의 가능성을 판단한 뒤 외부 세계의 살아 있는 대상이나 살아 있
지 않은 사물에게 의미를 부여한다. 한 대상물이 우리의 뇌에 불
러일으키는 그와 같은 상상은 바로 개인이 지금까지 그 대상과 함
께해왔던 행동 경험과 상호 경험을 바탕으로 만들어진다. 따라서
뇌는 세계를 행동과 상호작용이 모여 있는 집합체로 그려놓는다.
그러니 우리가 세계와 무엇을 하며, 어떻게 세계와 상호작용할 수 있는지가 바로 세계인 것이다. 사람 역시 그렇다고 할 수 있다. 요컨대 사람에 대한 당신의 그림은 우리가 다른 사람들과 겪는 경험, 그러니까 운동성 상호 경험, 감각적 상호 경험, 그리고 감정적 상호 경험으로 이루어진다.

공통된 신경생리학적 의미 공간

앞 장에서 얘기한 내용은 다음과 같이 요약할 수 있다. 다른 사람들을 인지하고 그들의 내적인 초상을 만들 때 우리의 뇌는 우리 스스로에 관한 모델을 만들 때 사용하는 것과 동일한 프로그램을 가동한다. 동물을 대상으로 한 실험에서는 물론 현대적인 사진 촬영 기법으로 인간에게 실시한 실험에 따르면, 뇌는 자신이라는 사람을 세 가지 프로그램으로 제시한다고 한다. 즉 행동의 단계(전운동피질 하부)에 관여하는 프로그램, 신체의 느낌(두정엽 하부)에 관여하는 프로그램, 마지막으로 감정(전대상회, 편도핵)과 관련된 프로그램이다. 다른 사람의 행동을 관찰하면 관찰자의 뇌에서는—다른 사람이 행동하는 순간—자신이 직접 그 행동을 할 때 작동하는 네트워크가 전부 혹은 부분적으로 움직인다. 이와 같은 공명 현상은 신체의 느낌과 감정을 관할하는 신경생리학적 장치에서도 나타난다. 이 말은 뇌가 다른 사람을 인지할 때 내적으로 모의실험 프로그램을 사용한다는 뜻이다. 따라서 그는 자신의 신체에 특정한 느낌을 가지거나 어떤 감정을 느낄 때와 동일하게 된다는 것이다. 이처럼 거울신경세포를 통해 전달되는 과정은 미처 생각하거나 말하기 전에 그 즉석에서 일어난다. 이 과정은 직감적으로 인지하고 이해할 수 있는 신경생리학적 기초이기도 하다. 거울신경세포라는 이 장치는 모든 사람에게 주어지기 때문에 초개인적인 신경 틀을 제공한다. 그리고 이 틀을 통해 사람들 사이에 의미가 통하는 공통된 공간1)이 만들어진다. 공통된 의미 공간 속에는 사람들이 경험할 수 있는 전형적인 행동과 감정의 단계에 관한 모든 프로그램이 들어 있어 세상에 존재하는 감정을 직감적으로 알 수 있다. 이 공간 안에서 다른 사람의 태도를 예측하거나 추측할 수 있으므로 거울뉴런 장치를 통해 만들어진 공간, 즉 '함께 나누는 의미 있는 간주관적 공간shared meaningful intersubjective space'은 우리가 신뢰라고 일컫는 것의 기초가 되기도 한다.

정신적인 작용이 일어나는 토대인 육체

거울뉴런을 연구해 얻은 통찰은 신경생리학과 의학을 넘어 적용할 수 있다. 전반적인 정신 작용도 결국 우리가 행동하는 육체적 존재로서 겪는 경험들을 기초로 한다는 인식 역시 그와 같은 통찰에 해당한다. 세계라는 모델은, 즉 우리의 뇌가 설계한 세계는 생물적인 행위자가 하는 행동, 상호작용, 그리고 느낌을 서술한 프로그램들로 구성되어 있다. 이로부터 다양한 추상적인 차원에서 세련된 결론을 얻을 수 있듯이, 살아서 행동하는 신체의 경험들은 바로 모든 숙고와 구상의 기초가 되며—거울뉴런을 통해 간주관적 공간에서 두드러지는—간주관성과 그로 인해 가능한 이해 과정의 기초가 되는 것이다. 여기에서 말하는 이해 과정이란 도대체 어떤 모양을 하고 있을까? 이 과정은 행동, 느낌과 상호작용이라는 순서로 되어 있다. 여기에서 행동하고 상호작용하는 주체는 바로 살아 있는 육체이자 행위자이다.

영장류의 연구에서 나타나듯이, 이들은 언어를 매개로 직감적인 이해 과정과 학습 경험을 하지는 않는다. 하지만 언어란 우리가 이 과정을 명백하게 서술할 수 있는 유일한 수단이다. 언어로 표현하고, 전달하고, 의사소통하는 것은 살아 있는 주체가 신체로 경험한 것을 기초로 한다. 이와 같이 전혀 다른 출발점에서 연구한 사례는 이미 철학에서 나타났다. 에드문트 후설Edmund Husserl은 우리가 간주관적으로 나누는 경험들이 인지 과정과 사고 세계에서 어떤 역할을 하는지 언급한 바 있다.

거울뉴런 장치는 인간의 발전과 문화의 발전을 위해 과거는 물론 현재에도 상당히 중요한 기여를 했으며 지금도 하고 있다. 한 세대 내에서뿐만 아니라 세대를 이어 지식을 보존하고 물려주는 데 이 거울뉴런 장치가 대단한 역할을 했을 것이다. 개인은 물론 공동체가 거울뉴런을 통해 신경생리학적 틀을 사용할 수 있다고 하는 것은, 공동으로 프로그램을 사용할 수 있다는 뜻이 된다. 이 프로그램들은 경험에 바탕을 둔 지식의 집합이다. 거울 장치란 일종의 인류의 기억이라 할 수 있다. 다시 말해, 인간의 지식은 문자 · 서적 · 인터넷이 발명되기 수십만 년 전의 살아 있는 도서관이었고, 거울뉴런 장치 덕분에 공명과 '모델을 통한 학습' 방법을 거쳐 한 세대에서 다음 세대로 전해질 수 있었다. 이런 종류의 전달은 언어가 존재하지 않았던 시대에 가능했다. 거울 장치에 근거한 공명 장치는 언어가 존재하지 않는 단계에서도 작동하기 때문이다. 하지만 거울뉴런 장치는 인간의 언어가 개발되기 위해 반드시 필요한 전제 조건이었다. 언어는 거울뉴런 장치에서 프로그램으로 저장되는 과정과 순서에 관한 상상을 서술할 수 있으니 말이다(4장에서 이미 언급했듯이, 뇌에서 거울뉴런이 있는 영역은 바로 언어 능력을 관장하는 영역이다).

'적자생존' 혹은 '공명의 생존'

우리는 진화라는 관점에서 다음과 같은 질문을 해볼 수 있다. 공명 현상과 거울 현상, 직감적으로 이해하고 이해받는 현상은 수많은 고등동물에게 어떤 특별한 의미가 있을까? 찰스 다윈의 진화론적 관점에서 대답해보자. 거울 현상과 공명은 사회의 결속력을 다지고, 개인이 안전하게 살 수 있도록 사회적 유대관계를 만들어주고, 상호 일치되는 태도를 직감적으로 취할 수 있게 해준다.

하지만 공명은 살아남는 데 필요한 원칙 그 이상일 수 있다. 다른 사람에게서 공명을 발견하고, 다른 사람에게 직접 공명을 보내고, 그 공명이 다른 사람에게 뭔가 의미 있다는 점을 봐야만 생물들은 살 수 있다. 사람들은 그와 같은 기본적인 욕구를 고등동물에게서 확인할 수 있었다. 우리의 뇌—미국 국립정신건강연구소 NIMH의 토머스 인셀 소장은 최근 이에 대해 요약해 발표한 적이 있다—는 신경생리학적으로 좋은 사회관계에 대하여 정통하다. 이는 사회에서 격리된 사람이 결국 죽게 되는 경우에서 확인되었다. 이런 사람들을 관찰해보니 신경생리학적으로 고통을 인지하는 중추가 눈에 띄게 활성화되었다.

어쩌면 그와 같은 배경을 거론하기 전에 진화에 대한 아주 단순한 몇 가지 가정부터 되새겨봐야 할 것이다. 영국의 철학자 허버트 스펜서Herbert Spencer가 발표한 가정 덕분에 다윈은 '적자생존'이라는 개념을 내놓을 수 있었다. 허버트 스펜서의 사회다윈주의로부터 비롯된 하나의 잘못된 노선이 지난 세기는 물론 최근의 유전자적 다윈주의에 이르기까지 계속 이어지고 있다.[2] '생존을 위한 투쟁'이 개별적인 생명체가 생명을 유지하는 동기 중 하나라고 하지만, 그런 투쟁이 진화의 중심 사상이라고 감히 말할 수 있는 분명한 근거는 없다. 다윈과 스펜서부터 지금까지 생존 전략으로 간주되는 원칙이란 생물들 스스로 개발한 태도와 적응 과정일 뿐이다. 그러나 살아 있는 조직은 두 가지 면을 모두 보여주는데, 우선 자신의 생존을 확실하게 다지려는 노력을 하고, 다른 한편으로 적응과 거울 반응을 추구한다는 점이다. 여기에서 후자가 전자보다 하위에 속하는 기능이라고 할 수는 없다.

'적자'니 '생존'이니 하는 원칙은 거울 반응과 의사소통 노력이 함께 나타나는 현상이라고 할 수 있을까? 경쟁자들을 물리치고 최고의 암컷을 차지할 수 있는 강력한 알파동물도—이 수컷이 가지고 태어난 온갖 유전자에도 불구하고—태어나서 학습과 연습을 통해 자신의 투쟁적 '재능'을 발전시키지 못했더라면, 무리 중에서 가장 강력한 수컷이 될 수 없었을 것이다. 태어난 지 얼마 되지 않아 사회적으로 격리된 어린 짐승과 사람은 음식을 충분히 주더라도 정신적·신체적으로 손상을 입어, 사회적으로 부적합한 태도를 취하고 심지어 죽는 경우도 흔히 있다. 이러한 경우에는 생명체가 아무리 좋은 유전자를 가지고 태어났다 하더라도 아무 소용이 없는 것이다.

생존을 위한 지속적인 투쟁이라고 하는 시나리오에 비한다면 거울 현상은 세인들의 주목을 별로 끌지 못할지도 모른다.[3] 하지만 거울 현상은 진화론에 비해 훨씬 덜 진부하며, 탁월한 장치를 고려해보면 훨씬 더 매력적인 면이 있다. 거울 현상의 위상은 진화론에서 '적자생존'이라는 원칙에 버금가는 위치에 있다. 적응, 거울 반응, 공명을 하려는 노력을 거부할 수 있는 생물이란 없다. 이는 유전물질에서부터 시작한다. 즉 박테리아부터 모든 생물에 이르기까지 DNA는 쌍으로 이루어진 물질로 되어 있고, 이 물질은 거울 반응과 적응을 담당하는 물질이다. 몇몇 식물에서도 개별적인 형태로 거울 현상과 공명 현상을 관찰할 수 있는데, 가령 해로운 성분이 나타나면 그 성분에 손상을 입지 않은 식물은 방어 자세를 취한다. 거울 장치가 없다면 어류와 새떼도 직감적으로 무리와 동일한 태도를 취하거나 신속하게 반응하지 못할 것이다. 다양한 거울 현상은 사회적으로 그룹을 지어 사는 고등척추동물에게서도 관찰할 수 있는데, 무엇보다 개와 원숭이가 이에 해당한다. 특히 흥미로운 점은, 예를 들어 원숭이와 사람들 사이에서 볼 수 있는 거울 현상처럼 특정한 거울 현상은 종을 뛰어넘어 나타나기도 한다. 사람의 특정한 행동을 본 원숭이의 전운동피질에 있는 거울뉴런이 활성화되었으니 말이다(그 반대도 어느 정도 그렇다). 어느 정도 사회적 공동체로 살아가는 사람과 개 사이에서도 흥미로운 거울 현상을 발견할 수 있다. 즉 이 두 종 사이의 거울 현상적 태도는, 가령 사람이(혹은 개가) 즉석에서 직감적으로 어떤 대상을 쳐다보면, 개도(혹은 사람도) 바로 그 대상에 주의를 집중하는 것이다. 서로 거울처럼 반사할 수 있는 종들은 '친밀한' 종의 가족을 형성하게 된다.

거울 현상:
살아 있는 조직에서 볼 수 있는 일종의 중력 법칙

한 개인이 다른 개인을 인지함으로써 그의 내적 상태를 무의식적으로 모의실험할 수 있는 신경생리학적 공명 현상은 생물학적으로 아주 중요한 의미가 있다. 이 현상은 동일한 종에 속하는 개인이 서로를 이해하고, 상호 소속감을 인지하고 그들의 태도를 다양한 방식에 따라 직감적으로 일치시키는 데 반드시 필요한 조건이 된다. 그 밖에도 거울뉴런 장치는 이 현상을 위해 신경생리학적 '하드웨어'를 가지고 있으며, 지식들을 자신의 프로그램으로 저장해둔다. 이는 한 개인에게서 다른 개인으로, 한 세대에서 다른 세대로 전달된다.

　DNA에서부터 사람에 이르기까지 영향을 미치는 다양한 거울현상을 고려해볼 때, 거울 현상과 공명을 살아 있는 조직체에 영향을 미치는 중력의 법칙으로 불러도 무방할 것이다. '적자생존'은 어쩌면 진화의 유일한 핵심 원리가 아니며, 또 다른 독자적이고 생물학적인 핵심 원리를 통해 보완할 수도 있을 것이다. 즉 또다른 핵심적 원리란 생명체들 사이에서 이루어지는 적응과 거울반응, 일치이다. 상대나 무리와 일치하려는 노력으로부터 다양하고 직감적인 의사소통을 하려는 현상이 발전했는데, 우리는 이를 인간에게서 관찰할 수 있다. 적어도 인간에게 해당되는 말이 있다. 삶의 비밀이란 인간이 어떤 대가를 치르더라도 살아남는 데 있는 것이 아니라, 우리의 감정과 그리움을 나눌 수 있고 거울 반응으로 답해줄 수 있는 다른 사람을 발견하는 데 있다.

01 일상생활에서 볼 수 있는 공명 현상: 어떻게 나는 네가 무엇을 느끼는지 느낄 수 있을까

1. 대협골근(zygomaticus major).
2. 추미근(corrugator supercilii).

02 신경학적 발견: 거울뉴런이 수행하는 능력

1. 근육운동을 직접 관할하는 신경세포(운동뉴런)는 이른바 운동피질에 있다. 모든 행동과 관련된 프로그램을 저장하는 신경세포(행동뉴런)는 전운동피질에 위치한다. 그 밖에도 전문가들에게게만 관심이 있겠지만, 전운동피질의 정확한 부위는 원숭이의 경우 F5, 인간의 경우 A44와 A45에 있다(그리고 전운동피질 하부는 부분적으로 브로카 영역과 겹친다).
2. 인간의 경우, 전운동피질에 있는 행동뉴런은 운동뉴런이 움직이기 전 0.1초에서 0.2초 정도 신호를 발사한다는 사실이 뇌자도〔MEG: 고성능 초전도 자기센서(SQUID)를 이용해 뇌신경세포의 집단적인 흥분으로 발생하는 전류 주변의 자기장을 측정, 뇌의 전기 활동을 관찰하는 장치—옮긴이〕로 측정되었다.

3. 좀더 정확하게 설명할 필요가 있는데, 그와 같은 신경세포들은 항상 여러 개의 뉴런과 연결되어 있다. 말하자면 작은 신경세포망의 일부분이라고 할 수 있는 뉴런들이다. 행동을 담당하는 프로그램은 단 하나의 세포에 저장되기도 하지만 여러 개의 세포가 연결된 네트워크 상태로도 저장된다.

4. 공명(resonance: 라틴어에서 유래했으며, '다시 울리다 혹은 되울리다'는 뜻이다)은 원래 물리학적 현상으로 연구되었다. 현을 켜면 분명 다른 현도 울리게 되는데 이로써 현들은 함께 울게 된다.

5. 이처럼 사진 촬영으로 과정을 보여주는 현대적 기법으로는 기능적 핵자기공명법(f-NMR) 외에도 양전자방사단층촬영법(PET: positron emission tomography)이 있다.

6. 모의 비행 실험을 조금 더 다루어보자. 모의 비행 실험 장치에 앉아 있는 관찰자는 실제 조종사가 산 근처에 갔을 때 어떻게 하는지 볼 수 있다. 관찰자는 행동하는 사람과 같은 관점에 있으므로, 산의 정상이 가까이 다가오자 조종사가 갑자기 비행기의 고도를 높이는 이유를 이해한다. 이는 조종사와 동시에 그리고 직감적으로 일어난다. 이런 종류의 이해는 분석적인 관찰이나 수학적인 계산을 근거로 한 이해보다 훨씬 직접적이고 동시적이다. 물론 이 두 가지 이해는 서로를 대신해줄 수 없다.

7. 암시적인 확신이 사라진다고 해서 늘 직감이 나타나지는 않는다. 어떤 상황을 더 이상 예견할 수 없고 직감도 우리를 돕지 않는다면 어떤 일이 일어날까? 그러면 우리는 격렬한 신경생물학적 스트레스를 받아서 공포에 휩싸이게 된다.

8. 이미 언급했듯이, 이 프로그램은 하나의 세포에 저장되는 것이 아니라 세포가 속해 있는 세포 다발에 저장되어 있다.

9. 이와 같은 실험을 전문가들은 '감춰진 조건(hidden condition)'이라고 한다.

10. 이 실험은 유명한 잡지 〈뉴런〉에 실렸다. 마리아 알레산드라 우밀타는 학문적인 논문의 제목으로는 적당하지 않지만, 실험의 주제에 딱 어울리는 제목을 붙였다. 즉 〈나는 네가 무엇을 하고 있는지 알고 있다〉.

11. 한 개인이 그처럼 단편적으로 해석을 내리게 되면, 그는 일상생활을 하면서

인간관계로 인해 많은 문제를 겪게 될 것이고 병이 들 수도 있다. 이와 관련해서 심리치료사들은 문제를 해명하고 새로운 경험을 쌓아서 새로운 신경생물학적 프로그램이 만들어질 수 있도록 하는 것이 좋다고 충고한다(9장 참조).

12. 거울뉴런과 학습에 관한 상관관계는 8장을 참조하라.

13. 우리는 행동을 주관하는 신경세포(전운동피질에 위치한)를 아스테릭스 타입의 행동뉴런이라고 했다(아스테릭스는 행동 목표를 정의하고 계획을 세운다). 운동피질의 뉴런은 각각의 근육에 직접 명령을 내리며, 이들을 오벨릭스 타입의 운동뉴런이라고 했다(오벨릭스가 실행에 옮긴다).

14. 이때 그와 같은 사건을 단지 관찰했는지 혹은 그 사건으로 인해 스스로 고통을 받았는지는 중요하지 않다. 두 가지 경우 모두 이 사건은 행동 프로그램의 내용물로 저장된다.

15. 이처럼 행동을 저지하는 시스템은 전전두엽에 있다. 3장은 아이들의 경우를 다루고, 11장은 성인의 경우 자유의지에 관한 문제를 다룬다.

16. 이러한 경우에 해당하는 사람들로는 특정한 사회적 환경에 처해 있는 청소년, 그리고 무방비 상태에 있는 사람들을 다루어야 하는 특정 직업군으로, 군인, 교도관, 경찰, 의사, 간호사, 노인을 돌보는 사람, 교육자 등이 있다.

17. 하리(Hari, R.)와 동료들, 《미국과학원회보(Proceedings of the National Academy of Sciences)》, 95권, S. 15061ff(1998).

18. 이처럼 기능을 잠시 마비시키는 것이 가능하다. 작지만 강력한 자석 코일을 거울뉴런이 있는 부분에 붙여놓으면 된다.

19. 라틴어 proprius는 '자신의'라는 뜻이고, capio는 '파악하다, 수용하다'이다.

20. 운동피질은 중심렬 앞에 있으며, 지각피질 혹은 감각피질은 중심렬 뒤에 있다. 전두엽에 속해 있는 운동피질과 달리, 감각세포망은 두정엽 위에 있다.

21. 일반적인 신체 상태, 특히 내적인 기관과 관련된 연결망들은 뇌섬엽에 있다. 감정과 관련된 신경생리학적 부위는 편도핵과 대상회에 있다.

22. 이 세포들은 가령 특정 행위를 할 때 삐게 될지, 근육 경련 혹은 관절 손상을 입을지에 대하여 즉각적이고 직감적인 상상을 부호화한다.

23. 현대적인 방법으로 알게 되었는데, 즉 이미 언급했던 기능적 핵자기공명법과 PET이다.

24. 이 연구(브루노 비커와 동료들)에서는 기능적 핵자기공명법이 사용되었다. 이때 활성화되는 뇌의 부위는 뇌섬엽으로, 이곳에는 내부 기관에 관한 일종의 신경생물학적 신체 지도가 있다. 뇌섬엽은 신체의 내부 기관들이 어떻게 느끼는지를 뇌 혹은 정신에 전달한다. 또한 신경섬유를 거쳐 두정엽 하부, 즉 느낌을 상상하는 신경세포들과 아주 가까운 관계를 갖고 있다.

25. 라틴어인 이 단어는 '구불구불한 띠'라는 뜻이다. 대상회는 앞에서 뒤로, 뇌의 양쪽 편에 파인 홈을 따라 깊숙이 뻗어 있다. 신경섬유를 거쳐 두정엽 하부, 즉 신체의 느낌을 상상하는 신경세포들과 밀접한 관계를 갖고 있다.

26. 이 실험은 뇌 수술을 앞두고 있는 간질병 환자에게 실시했다. 두피를 부분적으로 마취하면, 뇌가 고통을 느끼지 못하므로 이 환자에게 마취제를 투여하지 않았다. 환자와 윤리위원회가 이 실험에 동의해주었다.

27. 고통은 뇌의 여러 군데에서 감지한다(시상, 뇌섬엽, 감각피질, 대상회). 이를 총체적으로 '고통 매트릭스(pain matrix)'라고 한다.

28. 고통을 기록하는 신경세포들은 목전에서 고통을 관찰할 때뿐 아니라, 곧 고통이 따를 것이라는 기대감만으로도 이미 반응을 한다는 사실을 토어 웨이저(Tor Wager)와 동료들이 2004년 논문에 발표했다.

29. 감정이입이라는 신경생리학적 현상을 연구한 일련의 실험은 탁월한 프랑스의 뇌 연구가 장 드스티로부터 나왔는데, 최근에 그는 시애틀에서 일하고 있다.

30. 만일 한 아버지가 어린 자식이 물에 빠진 광경을 보고 큰 소리로 통곡을 하고 있다면, 이 아버지는 공감을 나눌 수 없다. 다시 말해, 아버지는 이때 적절한 행동을 취할 수 있을 정도의 공감만을 가져야 한다.

31. 원숭이의 경우 소수의 신경세포만 연구할 수 있었다. 사람의 경우에는 최신 촬영 장치인 기능적 핵자기공명법과 PET를 사용했다.

03 아이들이 세상을 비추는 방법과 자폐증의 문제

1. 이와 관련된 실험은 미국인 앤드루 멜초프와 그의 동료들, 그리고 독일인 부부 하누스 파푸세크와 메히트힐트 파푸세크가 실시했다.
2. 어머니가 아이를 돌볼 시간이 없어서 어머니 대신 아버지나 혹은 다른 사람이 이 역할을 떠맡는 경우가 흔하므로 여기에서 나는 '아이와 가장 친근한 사람' 이라는 표현을 썼다. 물론 보통의 경우, 아이에게 가장 친근한 사람은 어머니이다.
3. 이 주제에 대해 좀더 많이 알고 싶다면, 나의 또 다른 저서 《신체의 기억(Das Gedächtnis des Körpers)》(Piper, München, 2004)을 참조하기 바란다.
4. 미국 국립정신건강연구소 소장인 토머스 인셀은 이 주제와 관련해서 전체적으로 조망할 수 있는 논문을 발표했다. 그는 의도적으로 논문의 제목을 〈애착은 중독될까?〉라고 냉소적으로 붙였다.
5. 비토리오 갤레스는 자코모 리촐라티가 이끄는 연구소의 팀장 중 한 사람이다.

04 거울뉴런과 언어의 기원

1. 이 의문에 대하여 연구한 사례는 매우 많다. 전운동피질 거울뉴런이 있는 곳은 원숭이의 경우 F5에 있고, 사람의 경우 브로드만(Brodman) 영역, 즉 A44와 A45에 있는데, 이 영역은 바로 운동성 언어피질인 브로카 영역이 있는 곳이기도 하다.
2. 행동에 대한 상상이란 늘 행동에 속하는 감각적 측면에 대한 상상으로부터 나온다는 점은 이미 2장에서 언급한 바 있다.

1. 대상회, 편도핵, 뇌섬엽이다.
2. 다른 사람의 감정과 느낌은 그가 보내는 신체언어상의 신호를 재구성함으로 써 인지할 수 있다. 관찰자는 시각적 해독과 해석 장치(STS)를 이용해 이 신호를 받아들이고 평가한다.
3. 만일 우리가 전형들을 통해 우리를 인지하지 못한다면, 아무도 우리가 누구인 지 알 수 없을 것이다. 사람들은 늘 전형을 통해서 타인을 인지하기 마련이다. 요컨대 객관적인 인지란 있을 수 없다는 말이다. 심리에 관한 설문지 역시 별 다른 도움이 되지 못하는데, 설문지도 사람이 작성했을 뿐 아니라 사람이 평 가하기 때문이다. 우리가 그와 같은 객관적인 설문지로부터 읽어내는 것은, 바로 설문지를 작성한 사람의 진술일 따름이다. 다른 사람을 인지하는 데 가 장 좋은 방법은, 감정이입 능력이 뛰어난 다른 사람이 타인에 대해 만든 전형 들이다.
4. 마틴 부버의 《대화의 원칙(Das dialogische Prinzip)》 중 '인간관계를 이루는 요 소들'에 나온다.
5. 이에 관한 최근의 연구는 장 드스티와 동료들이 했다.
6. 특수한 신호를 잡아내기 위해, 그 전에 단순하게 보거나 관찰하고 또한 간단 한 근육운동과 관련된 신호들은 미리 필터로 걸러내야 한다.
7. 이 실험에서도 특수한 신호를 잡아내기 위해서는 그 전에 단순하게 보거나 관 찰하고 또한 간단한 근육운동과 관련된 신호들은 미리 필터로 걸러내야 한다.
8. 여기에서 결정적인 부분이란 두정엽 하부의 오른쪽을 의미한다.
9. 여기에서도 두정엽 하부의 오른쪽을 말한다.
10. 이와 같은 장애를 '환경 의존적 신드롬(environmental dependency syndrome)' 혹은 '모방 행위 신드롬(imitative behavior syndrome)'이라고 한다.

06 열정과 거울 장치: 연애와 사랑

1. 의도적인 전략을 가지고 연애를 하는 사람은, 가령 연애에 관한 충고들이 담긴 책을 읽고 이를 시험한다면, 이 모든 것은 일종의 책략이자 형식적인 일이 된다. 그런 식으로 연애를 하는 사람은 뭔가 시험해보지만 언젠가 자신이 사랑이라는 감정을 전혀 느낄 수 없다는 점을 감지하게 된다.
2. 이와 관련해서는 마르틴 알트마이어(Martin Altmeyer)를 참조하기 바란다.
3. 앤드루 멜초프이다.
4. 이 실험은 탄야 징거와 그녀의 동료들이 실시했다.
5. 이처럼 심리적으로 변하는 현상은 무엇보다 주디스 버틀러가 잘 서술하고 있다.
6. '무표정 조처'(3장)를 참조하기 바란다.

07 개인들 사이의 의미 공간: 사회적 공동체와 사회적 죽음

1. 거울뉴런이 만드는 그와 같은 '공통된 다양성'이라는 개념을 비토리오 갤레스는 '분배된 다양성(the shared manifold)'이라고 했다.
2. 행동을 과도하게 조정하는 유전자로 CRH(Corticotropin Releasing Hormone: 코르티코트로핀 분비 호르몬)라는 스트레스 유전자가 있다. 이언 위버(Ian Weaver)와 마이클 미니(Michael Meaney)는 실험을 통해 다음과 같은 사실을 보여주었다. 반복해서 애정 결핍을 경험한 유아들은 성장해서 죽을 때까지 스트레스가 쌓이면 생리적으로 민감하게 반응하는 경우가 많다는 것이다.
3. 특히 미국의 경제심리학자 폴 배비액(Paul Babiak)이 이에 관한 연구 결과를 내놓았다.
4. 자살은 심리적인 이유로 자기를 파괴하라는 프로그램이 명령하는 유일한 형태는 아니다. 다른 프로그램, 예를 들어 중독도 서서히 자살을 실현하고 있다.

08 청소년을 둘러싼 환경과 학교라는 기회

1. 특히 《청소년 건강 상태 연구 슈트트가르트 2000(Jugendgesundheitsstudie Stuttgart 2000)》을 참조하기 바란다.
2. 마틴 알트마이어를 참조하기 바란다.
3. 가령 제프리 존슨(Jeffrey Johnson)과 그의 동료들이 실시한 연구를 참조하기 바란다.

09 의학과 정신 치료에 있어서 거울뉴런

1. 거울 현상은 오래 전부터 심층심리학과 정신분석학적 정신 치료법에서 '전이', '상호 전달', '확인'으로 일컬었고, 이에 대하여 연구했다. 행동 치료에서는 '공명'이라고 했다.
2. 지그문트 프로이트가 한 말이다(히스테리 분석 원고의 일부).
3. 정신과의사의 공명은 특별한 종류의 거울 현상으로, 정신의학 전문 용어로 '역전이'라 한다.
4. 2장에 나오는 '감춰진 조건'으로 실시한 실험을 참조하라.

11 유전자, 뇌와 자유의지라는 문제

1. 하지만 생물학적 특성의 변화란 원인이 아니라 생물의 변화된 태도 가운데 한 부분이다.
2. 유전자 활동이 조정하는 신호들의 통로는 심지어 훈련과 학습의 효과로 이루어진다. 즉 최근에 실시한 신경생리학적 연구에 따르면, 태어난 초기에 스트레스를 자주 받은 동물과 사람들은 성장해서도 스트레스 유전자가 더 활발하

게 반응한다고 한다. 다시 말해, 그들의 스트레스 유전자는 어린 시절 스트레스에 자주 노출되지 않았던 사람이나 동물들의 스트레스 유전자보다 더 활발하게 반응하는 것이다.

3. 2장에 나왔듯이, 이 행동 프로그램들은 전운동피질에 저장된다.

4. 이 프로그램들은 감각피질의 근처에 있는데, 이른바 두정엽 하부에 저장되어 있다(2장 참조).

12 진화의 중심 사상으로서 거울 현상

1. 비토리오 갤레스는 이 공간을 '함께 나누는 의미 있는 간주관적 공간'이라고 했다.

2. 리처드 도킨스(Richard Dawkins)의 《이기적인 유전자(The Selfish Gene)》(1990)를 참조하라. 실제로 유전자는 '자신에게 중독'되어 있지 않다. 유전자의 태도에 대해 말할 수 있는 모든 것은, 우선 DNA는 상호 거울 반응을 하는 한 쌍으로 이루어져 있다(유일한 예외는 한 줄로 이루어진 몇 가지 바이러스이다)는 사실이다. 두 번째, 모든 유전자는 외부에서 들어오는 신호와 연결하는 아주 특수한 단면으로, 이 외부의 신호를 통해 자신의 활동을 조정한다는 것이다.

3. 다윈의 진화론은 매우 다양했다. 그의 이론에서 적응 과정이 결정적으로 중요한 역할을 했는데, 내가 말하는 다윈주의란 스펜서가 작성한 사회다윈주의의 결과에서부터 현대적인 상상에 이르는 부분이다.

옮긴이의 글

예전에 이런 질문을 받아본 적이 있다. 무인도에 가게 된다면 무엇을 가져가고 싶으냐는 것이었다. 당시 내게 이런 질문을 한 사람은 음악을 무척 좋아해서 CD를 많이 가져가겠다고 했다. 나는 그런 상상을 거의 하지 않았기 때문에 약간 성가시기는 했지만, 겉으로는 생글생글 웃으면서 아마 책을 가져갈 것 같다고 대답했다. 그것도 마르셀 프루스트의 《잃어버린 시간을 찾아서》라는 책. 이 책을 끝까지 읽어본 사람은 우리나라에서 거의 없겠지만, 어쨌든 엄청 긴 소설일 뿐 아니라 쉬운 내용도 아닌 까닭에 무인도에서 읽으면 1~2년 정도는 심심하지 않을 것 같았기 때문이다.

그런데 이 책을 번역하고 나니, 만일 그런 질문을 다시 받게 된다면 다른 대답을 하게 될 것 같다는 생각이 든다. 무인도에 가게 된다면 음악이나 책보다 더 필요한 것은 적어도 나와 거울 반응을 함께 나눌 수 있는 상대, 예를 들어 강아지를 데려가겠다는 대답을 하고 싶다.

거울세포, 거울뉴런, 거울 반응, 거울 효과, 거울 현상. 이는 모두 동일한 의미를 지닌 표현이다. 간단하게 설명하면, 거울이 우리의 모습을 비추어주듯이, 나와 상대방은 무의식적으로 행동이나 감정에 있어서 서로 비추고 반응하는데, 이때 우리 뇌에서 활성화되는 세포가 바로 거울뉴런들이다. 이 거울뉴런은 1990년대에 자코모 리촐라티와 그의 팀 연구원들이 최초로 발견했으며, 파르마 대학에서 동물 실험을 통해 밝혀냈다. 사실 요아힘 바우어 교수가 이 거울뉴런을 처음으로 우리에게 소개해주기 전부터 우리는 이 세포들을 매일 그리고 열심히 사용하고 있었다. 우리가 스스로의 정체성을 발견하기 전부터, 아니 그보다 훨씬 이전 내 손으로 직접 밥을 떠먹지도 못했던 갓난아이 때부터 말이다. 수학 선생님이 싫어서 수학 공부를 하지 않았던 것도, 텔레비전 드라마에서 한 남자 주인공이 사랑하는 여자 앞에서 자신의 심장을 가리키며 "이 안에 네가 있어!"라고 말했을 때, 유치해서 차마 내 입으로는 말할 수 없었지만 그 말에 동감할 수 있는 것도 거울뉴런이 있기 때문이다.

거울뉴런이란 그렇듯 신생아 때부터 작동하기 시작해서 늙어 죽을 때까지 우리와 함께한다. 이를테면 인간이 사회적 동물이라고 불릴 수 있는 전제 조건이다. 그런데 거울뉴런과 관련해서 가정과 사회가 좀더 관심을 가져야 할 시기는 신생아를 비롯한 유아기와 청소년기다. 이 책의 저자 요아힘 바우어 교수는 특히 폭력에 노출된 청소년 문제를 거듭 다루면서, 우리 사회는 이들에게 더 아름다운 것을 보여주고 제공하자는 제안을 한다. 우리의 뇌는 뭔가를 입력하고 또한 그것을 자주 입력하게 되면, 언젠가 실제로 자신도 그 행동을 실행하게 될 가능성이 높기 때문이다. 즉 폭력을 자주 접하면 폭력적이 될 가능성이 더 많다는 얘기다.

심리에 관심이 많은 독자들에게는 두말할 필요도 없겠지만, 폭력과 청소년의 문제에서처럼 이 책은 교육 현장에서 일하는 교사는 물론 학부모들이 읽으면 무척 도움이 되는 내용이 많다. 왜 내 아이가 선생님의 사랑과 관심을 받을 필요가 있는지, 놀이와 친구가 왜 중요한지, 효과적인 수업이 가능하려면 어떤 조건이 필요한지 등 우리가 어렴풋이 알고 있는 부분을 확실하게 이론적으로 설명해준다.

줄기세포가 한반도를 떠들썩하게 할 즈음에 이 책을 번역하고 교정해서 그런지, 과연 거울 반응을 다룬 이 책을 독일의 독자들은 얼마나 많이 읽을지 궁금했다. 독일 아마존에서 확인해보니 요아힘 바우어 교수의 저서들은 이 책은 물론 다른 책들도 판매 순위가 매우 높았으며 독자들의 서평도 수십 개가 되었다. 독일 최고의 학자는 아니지만 그의 연구와 저서들은 독자들로부터 많은 관심과 사랑을 받고 있다.

우리의 문화는 미국의 영향을 받아서 그런지 대체로 스타를 만들고 이들에게 집중하는 경향이 있다. 그래서 학자들도 스타가 되면 대접을 받고 심지어 엄청난 일도 저지를 수 있지 않나 싶다. 물론 경제나 과학이라는 영역에서는 시대적인 흐름에 따라 특정 부문이 선도적인 위치에 설 수 있고, 그리하여 현재는 생명과학이라는 분야가 촉망받는 영역이기는 하다. 하지만 다른 영역에도 관심을 기울이고 투자를 할 수 있는 지혜와 여유가 바로 선진국과 그렇지 않은 국가의 차이가 아닌가 싶다. 어쨌든 우리라면 결코 투자하지 않았을 분야, 거울 반응을 연구한 결과를 이렇게나마 접할 수 있게 되어 고마운 마음으로 읽었다.

2006년 1월 9일

이미옥

참고문헌

Adolphs, R.: Neural systems recognizing emotions. Current Opinion in Neurobiology 12: 169-177, 2002.

Adolphs, R., Damasio, H., Tranel, D.: Neural systems for recognition of emotional prosody: A 3-D lesion study. Emotion 2: 23-51, 2002.

Adolphs, R., Tranel, D., Damasio, A. R.: Dissociable neural systems for recognizing emotions. Brain and Cognition 52: 61-69, 2003.

Allison, T., Puce, A., McCarthy, G.: Social perception from visual cues: Role of the STS region. Trend in Cognitive Sciences 4: 267-278, 2000.

Altmeyer, M.: Narzissmus und Objekt. Ein intersubjektives Verständnis der Selbstbezogenheit. Vandenhoeck & Ruprecht, 2000.

Altmeyer, M.: Videor ergo sum. Vortrag bei den Lindauer Psychotherapiewochen, 15. 4. 2002.

Anderson, J. et al.: Contagious yawning in chimpanzees. Proceedings of The Royal Society B (Suppl.), 2004.

Babiak, P.: Vortrag auf dem Euroscience Open Forum. 25.-28. August 2004, Stockholm. Siehe auch: Laura Spinney: Snakes in Suits. New Scientist, 21. 8. 2004.

Bates, E., Dick, F.: Language, gesture, and the developing brain. Psychobiology 40: 293-310, 2002.

Bauer, J., Häfner, S., Kächele, H., Wirsching, M., Dahlbender R. W.: Burn out und Wiedergewinnung seelischer Gesundheit am Arbeitsplatz. Psychotherapie Psychosomatik Medizinische Psychologie 53: 213-222, 2003.

Bauer, J.: Integrating Psychiatry, Psychoanalysis, Neuroscience. Psychotherapie Psychosomatik Medizinische Psychologie 51: 265-266, 2001.

Bauer, J.: Das Gedächtnis des Körpers. Piper Verlag, 2004.

Bauer, J., Kächele, H.: Die psychosomatische Medizin—ihr Verhältnis zur Neurobiologie und zur Psychiatrie. Psychotherapie. Band 10, Heft 1, 2005.

Binkofski, F., Buccino, G., Zille, K., Fink, G. R.: Supramodal representation of objects and actions in the human inferior temporal and vertral premotor cortex. Cortex 40: 159-161, 2004.

Bankofski, F., Buccino, G.: Motor functions of the Broca's region. Brain and Language 89: 362-369, 2004.

Blanke, O., Ortigue, S., Landis, T., Seeck, M.: Simulating illusory own-body perceptions. Nature 419: 269-270, 2002.

Blanke, O., Landis, T., Spinelli, L., Seeck, M.: Out-of-body experience and autoscopy of neurological origin. Brain 127: 243-258, 2004.

Bremmer, F.: The perception of inferred action. Neuron 31: 6-7, 2001.

Buher, M.: Das dialogische Prinzip. Gütersloher Verlagshaus, 2002.

Buccino, G., Binkofski, F., Fink, G. R., Fadiga, L., Fogassi, L., Gallese, V., Seitz, R. J., Zille, K., Rizzolatti, G., Freund, H. J.: Action observation activates premotor and perietal areas in a somatotopic manner: an fMRI study. European Journal of Neuroscience 13: 400-404, 2001.

Butler, J.: Kritik der ethischen Gewalt, Adorno-Vorlesungen 2002. Suhrkamp, 2003.

Cannon, W. B.: "Voodoo" Death. Psychosomatic Medicine 19: 182, 1957.

Carr, L., Iacoboni, M., Dubeau, M. C., Mazziotta, J. C., Lenzi, G. L.: Neural mechanisms of empathy in humans: a relay from neural systems for imitation to limbic areas. Proceedings of the National Academy USA 100: 5497-5502, 2003.

Christakis, D. A., Zimmermann, F. J., DiGiuseppe, D. L., McCarthy, C. A.: Early television exposure and subsequent attentional problems in children. Pediatrics 113: 708-713, 2004.

Cierpka, M.: Faustlos. Ein Curriculum zur Prävention von aggressivem und gewaltbereitem Verhalten. Hogrefe, 2001.

Conradi, E.: Take care. Campus Verlag, 2001.

Cotton, J. C.: Normal visual hearing. Science 82: 592-593, 1935.

Critchles, H. D., Wiens, S., Rothstein, P., Öhmann, A., Dolan, R. J.: Neural systems supporting interoceptive awareness. Nature Neuroscience 7: 189-195, 2004.

Decety, J., Sommerville, J. A.: Shared representations between self and other: a social cognitive neuroscience view. Trends in Cognitive Sciences 7: 527-533, 2003.

Decety, J., Chaminade, T.: When the self represents the other: a new cognitive neuroscience view on psychological identification. Consciousness and Cognition 12: 577-596, 2003.

Decety, J., Chaminade, T.: Neural correlates of feeling sympathy. Neuropsychologia 41: 127-138, 2003.

Dimberg, U., Thunberg, M., Elmehed, K.: Unconscious facial reactions to emotional fcial expressions. Psychological Science 11: 86-89, 2000.

Dimberg, U., Petterson, M.: Facial reactions to happy and angry facail expressions: evidence for right hemispheric dominance. Psychophysiology 37: 693-696, 2000.

Dimberg, U., Thunberg, M., Grunedal, S.: Facial reactions to emotional stimuli:

automatically controlled emotional responses. Cognition and Emotion 16: 449-471, 2002.

Dornes, M.: Der kompetente Säugling. Fischer Taschenbuch, 1993.

Dornes, M.: Über Mentalisierung, Affektregulierung und die Entwicklung des Selbst. Forum für Psychoanalyse 20: 175-199, 2004.

Eisenberger, N., Lieberman, M. D., Williams, K. D.: Does rejection hurt? An fMRI study of social exclusion. Science 302: 290-292, 2003.

Ferrari, F., Gallese, V., Rizzolatti, G., Fogassi, L.: Mirror neurons responding to the observation of ingestive and communicative mouth actions in the monkey ventral premotor cortex. European Journal of Neuroscience 17: 1703-1714, 2003.

Fogassi, L., Gallese, V.: The neural correlates of action understanding in non-human primates. In: Mirror neurons and the evolution of brain and language (Maxim I. Stamenov, Vittorio Gallese, eds.). John Benjamins Publishing Company, Amsterdam 2003,

Fonagy, P.: The human genome and the representational world: the role of early mother-infant interaction in creating an interpersonal interpretative mechanism. Bulletin of the Menninger Clinic 65: 427-448, 2001.

Gallese, V., Fadiga, L., Fogassi, L., Rizzolatti, G.: Action representation and the inferior parietal lobe. In: Common mechanisms in perception and action (Wolfgang Prinz, Bernhard Hommel, eds.). Oxford University Press, 2002.

Gallese, V.: The roots of empathy: The shared manyfold hypothesis and the neural basis of intersubjectivity. Psychopathology 36: 171-180, 2003.

Gallese, V.: The manifold nature of interpersonal relations: the quest for a common mechanism. Philosophical Transactions of The Royal Society London B 358: 517-528, 2003.

Gallese, V.: A neuroscientific grasp of concepts: from control to representation.

Philosophical Transactions of The Royal Society London B 358: 1231-1240, 2003.

Gallese, V., Metzinger, T.: Motor ontology: the representational reality of goals, actions and selves. Philosophical Psychology 16: 365-388, 2003.

Gilligan, C.: Die andere Stimme. Lebenskonflikte und Moral der Frau. Piper Verlag, 1985.

Goleman, D.: Emotionale Intelligenz. dtv Taschenbuch, 1997.

Gopnik, A., Meltzoff, A. N., Kuhl, P.: The scientist in the crib. What early learning tells us about the mind. Perennial/HarperCollons Publishers, 1999.

Günder, H., Ceballos-Baumann, A. O., von Rad, M.: Aktuelles zu psycho-dynamischen und neurobiologischen Einflussfaktoren in der Genese der Alexithymie. Psychotherapie Psychosomatik Medizinische Psychologie 52:479-486, 2002.

Habermas, J.: Um uns als Selbsttäuscher zu entlarven, bedarf es mehr. Frankfurter Allgemeine Zeitung, 15. 11. 2004.

Hackenbroch, V.: Blind für Wut und Freude. Der Spiegel Nr. 49: 190-199, 2003.

Hainmüller, H.: Das Apriori des Körpers. Zu einer vergessenen Perspektive im Philosophie- und Ethikunterricht. Ethik & Unterricht 4, 2001.

Hainmüller, H.: Die Suche nach der eigenen Wahrheit. Ethik & Unterricht 4, 2002.

Hainmüller, H.: Take care! Aspekte einer Ethik der Achtsamkeit. Ethik & Unterricht 4, 2003.

Hari, R., Forss, N., Avikainen, S., Kirveskari, E., Salenius, S., Rizzolatti, G.: Activation of human primary motor cortex during action observation: a neuromagnetic study. Proceedings of the National Academy of Sciences USA 95: 15061-15065, 1998.

Heiser, M., Iacoboni, M., Maeda, F., Marcus, J., Mazziotta, J.: The essential role of Broca's area in imitation. European Journal of Neuroscience 17: 1123-

1128, 2003.

Helland, S., Johansson, A., Sonnby-Borgström, M.: Gender differences in facial imitation. Abstract aus der Universität Lund, Schweden.

Heyes, C.: Causes and consequences of imitation. Trends in Cognitive Sciences 5: 253-261, 2001.

Honneth, A.: Der Kampf um Anerkennung. Suhrkamp, 2003.

Husserl, E.: Das Kind. Die erste Einführung. In: Fleicher, M. (Hrsg.): Analysen zur passiven Synthesis. The Hague, Martinus Nijhoff, 1966, Band 11, S. 604-608.

Husserl, E.: Cartesianische Meditationen und Pariser Vorträge. The Hague, Martinus Nijhoff, 1973, Band 1.

Husserl, E.: Ideas pertaining to a pure phenomenology and to a phenomeno-logical philosophy ("Ideen II"). Dordrecht, Kluwer Academic Publishers, 1989, Band 2.

Hutchison, W. D., Davis, K. D., Lozano, A. M., Tasker, R. R., Dostrovsky, J. O.: Pain-related neurons in the human cingulate cortex. Nature Neuroscience 2: 403-405, 2001.

Iacoboni, M., Woods, R., Brass, M., Bekkering, H., Mazziotta, J., Rizzolatti, G.: Cortical mechanisms of human imitation. Science 286: 2526-2528, 1999.

Iacoboni, M., Kosko, L., Brass, M., Bekkering, H., Woods, R., Dubeau, M. C., Mazziotta, J., Rizzolatti, G.: Reafferent copies of imitated actions in the right superior temporal cortex. Proceedings of the National Academy of Sciences USA 98: 13995-13999, 2001.

Illhardt, F. J.: Die Medizin und der Körper des Menschen. Verlag Hans Huber, 2001.

Insel, Thomas: Is social attachment an addictive disorder? Physiology and Behavior 79: 351-357, 2003.

Jellema, T., Baker, C. I., Wicker, B., Perrett, D. I.: Neural representation for the perception of the intentionality of actions. Brain and Cognition 44: 280-302, 2000.

Jellema, T., Perrett, D. I.: Coding of visible and hidden actions. In: Common mechanisms in perception and action (Wolfgang Prinz, Bernhard Hommel, eds.). Oxford University Press, 2002.

Jellema, T., Baker, C. I., Oram, M. W., Perrett, D. I.: Cell populations in the banks of the superior temporal sulcus of the macaque and imitation. In: The imitative mind (Andrew Meltzoff, Wolfgang Prinz, eds.). Cambridge University Press, 2002.

Jellema, T., Perrett, D. I.: Perceptual history influences responses to face and body postures. Journal of Cognitive Neuroscience 15: 961-971, 2003.

Jellema, T., Perrett, D. I.: Cells in monkey STS responsive to articulated body motions and consequent static posture: a case of implied motion? Neuropsychologia 41: 1728-1737, 2003.

Johansson, G.: Visual perception of biological motion and a model of its analysis. Percept. Psychophysiology 14: 202-211, 1973.

Johnson, J. G., Cohen, P., Smailes, E. M., Kasen, S., Brook, J. S.: Television viewing and aggressive behavior during adolescence and adulthood. Science 295: 2458-2471, 2002.

Jugendgesundheitsstudie Stuttgart 2000 (Schmidt-Lachenmann und Kollegen). Gesundheitsamt Stuttgart.

Kächele, Horst: Der Begriff "psychogener Tod" in der medizinischen Literatur. Zeitschrift für Psychosomatische Medizin 16: 105-128, und 16: 202-222, 1970.

Kiderlen, E.: Lebendiges Probehandeln (Überlegungen zum Theater als Möglichkeit-sraum). Badische Zeitung, 9. 9. 2004, S. 29.

Klein, S.: Alles Zufall. Die Kraft, die unser Leben bestimmt. Rowohlt, 2004.

Kohler, E., Keysers C., Umiltà, M. A., Fogassi, L., Gallese, V., Rizzolatti, G.: Hearing sounds, understanding actions: action representation in mirror neurons. Science 297: 846-848.

Kozlowski, L. T., Cutting, J. E.: Recognizing the sex of a walker from a dynamic point-light display. Perception and Psychophysics 21: 575-580, 1977.

LeBon, G.: Psychologie der Massen (Ersterscheinungsjahr 1895). Kröger. 15. Aufl., 1982.

Leder, D.: Clinical Interpretations: The Hermeneutics of Medicine. Theoretical Medicine 11: 9-24, 1990.

Leslie, K. R., Johnson-Frey, S. H., Grafton, S. T.: Functional imaging of face and hand imitation: towards a motor theory of empathy. Neuroimage 21: 601-607, 2004.

Levinas, E.: Ethik und Unendliches. Passagen Verlag. 3. Aufl., 1996.

Lévi-Strauss, C.: Strukturale Anthropologie. Suhrkamp, 1975.

Leweke, F. et al.: Neuronale Aktivität auf affektinduktive Reize bie Alexithymie. Psychotherapie Psychosomatik Medizinische Psychologie 54: 437-444, 2004.

McGurk, H., MacDonald, J.: Hearing lips and seeing voices. Nature 264: 746-748, 1976.

Meltzoff, A., Decety, J.: What imitation tells us about social cognition: a rapprochement between developmental psychology and cognitive neuroscience. Philosophical Transactions of The Royal Society London B 358: 491-500, 2003.

Moles, A., Kieffer, B. L., D'Amato, F. R.: Deficit in attachment behavior in mice lacking the m-opioid receptor gene. Science 304: 1983-1986, 2004.

Morris, S. C.: Life's solution—inevitable humans in a lonely universe. Combridge, 2003. Siehe auch: Die Zeit, 19. 8. 2004, S. 29.

Moser, T.: Körpertherapeutische Phantasien. Suhrkamp, 1989.

Nelson, E., Panksepp, J.: Brain substrates of infant-mother attachment. Neuroscience and Biobehavioral Reviews 22: 437-452, 1998.

Nishitani, N., Hari, R.: Temporal dynamics of cortical representation for action. Proceedings of the National Academy of Sciences USA 97: 913-918, 2000.

Panksepp, J.: Feeling the pain of social loss. Science 302: 237-239, 2003.

Papousek, M.: Vom ersten Schrei zum ersten Wort. Huber, 2001.

Papousek, M.: Regulationsstörungen der frühen Kindheit. Huber, 2004.

Rizzolatti, G., Fadiga, L., Gallese, V., Fogassi, L.: Premotor cortex and the recognition of motor actions. Cognitive Brain Research 3: 131-141, 1996.

Rizzolatti, G., Luppino, G.: The cortical motor system. Neuron 31: 889-901, 2001.

Rizzolatti, G., Fadiga, L., Fogassi, L., Gallese, V.: From mirror neurons to imitation: facts and speculations. In: The Imitative Mind (Andrew Meltzoff, Wolfgang Prinz, eds.). Cambridge University Press, 2002.

Rizzolatti, G., Fogassi, L., Gallese, V.: Motor and cognitive functions of the ventral premotor cortex. Current Opinion in Neurobiology 12: 149-154, 2002.

Rizzolatti, G., Craighero, L., Fadiga, L.: The mirror system in humans. In: Mirror Neurons and Evolution of Brain and Language (Maxim Stamenov, Vittorio Gallese, eds.). John Benjamins, Amsterdam 2003, S. 37-59.

Rogers, S. J., Hepburn, S. L., Stackhouse, T., Wehner, E.: Imitation performance in toddlers with autism and those with other developmental disorders. Journal of Child Psychology and Psychiatry 44: 763-781, 2003.

Safranski, R.: Wieviel Wahrheit braucht der Mensch? Fischer TB, 1993.

Scheidt, C. E.: Der Spiegel—Zur Bedeutungsgeschichte einer psychoanalytischen Metapher. In: Geteilte Sprache (Utz Maas, Willem van Reijen, Hrsg.). Verlag Grüner, Amsterdam 1988, S. 305-320.

Schmid, W.: Schönes Leben? Einführung in die Lebenskunst. Suhrkamp, 2000.

Schmid, W.: Ist das Leben ein Spiel? Philosophische Überlegungen zur Lebenskunst. Psychologie heute, Mai 2004.

Schopenhauer, A.: Die beiden Grundprobleme der Ethik II. Preisschrift Über die Grundlagen der Moral. Meiner Verlag, 1979.

Sheldrake, R.: Das schöpferische Universum. Ullstein TB, 1993.

Singer, T., Seymour, B., O'Doherty, J., Kaube, H., Dolan, R. J., Frith, C. D.: Empathy for pain involves the affective but the sensory components of pain. Science 303: 1157-1162, 2004.

Singer, W.: Keiner kann anders, als er ist. Verschaltungen legen uns fest. Wir sollten aufhören, über Freiheit zu reden. Frankfurter Allgemeine Zeitung, 8. 1. 2004, S. 33.

Spence, S. A., Brooks, D. J., Hirsch, S. R., Liddle, P. F., Meehan, J., Grasby, P. M.: A PET study of voluntary movement in schizophrenic patients experiencing passivity phenomena (delusion of alien control). Brain 120: 1997-2011, 1997.

Spitzer, M.: Verstoßen im Scanner: Ablehnung schmertz. Nervenheilkunde 22: 486-487, 2003.

Stern, D.: The Interpersonal World of the Infant. Basic Books, New York 1985.

Taddio, A., Shah, V., Gilbert-MacLeod, C., Katz, J.: Conditioning and hyperalgesia in newborns exposed to repeated heal lances. Journal of the American Medical Association 288: 857-861, 2002.

Tarr Krüger, I.: Die magische Kraft der Beachtung. Herder, 2001.

Theoret, H., Halligan, E., Kobayashi, M., Fregni, F., Tager-Flusberg, H., Pascual-Leone, A.: Impaired motor facilitation during action observation in individuals with autism spectrum disorder. Current Biology 15: R84-R85, 2005.

Uexküll, Th. von, Wesiack, W.: Theorie der Humanmedizin. Urban Fischer, 2000.

Umiltà, M. A., Kohler, E., Gallese, V., Fogassi, L., Fadiga, L., Keysers, C., Rizzolatti, G.: I know what you are doing: a neurophysiological study. Neuron 31: 155-165, 2001.

Wager, T. D., Rilling, J. K., Smith, E. E., Sokolik, A., Casey, K. L., Davidson, R. J., Kosslyn, S. M., Rose, R. M., Cohen, J. D.: Placebo-induced changes in fMRI in the anticipation and experience of pain. Science 303: 1162-1167, 2004.

Weaver, I. C. G., Cervoni, N., Champagne, F. A., D'Alessio, A. C., Sharma, S., Seckl, J. R., Dymov, S., Szyf, M., Meaney, M. J.: Epigenetic programming by maternal behavior. Nature Neuroscience 7: 1-8, 2004.

Wicker, B., Keysers, C., Plailly, J., Royet, J. P., Gallese, V., Rizzolatti, G.: Both of us are disgusted in my insuls: the common neural basis of seeing and feeling disgust. Neuron 40: 644-655, 2003.

Willi, J.: Die Zweierbeziehung. Rowohlt, 1990.

Willi, J.: Psychologie der Liebe. Rowohlt, 2004.

Winnicott, D. W.: Reifungsprozesse und fördernde Umwelt. Fischer TB, 1993.

Winnicott, D. W.: Vom Spiel zur Kreativität. Klett-Cotta, 1995.

Wittstein, I., Thiermann, D., Lima, J., Baughman, K., Schulman, S., Gerstenblith, G., Wu, K., Rade, J., Bivalaqua, T., Champion, H.: Neurohumoral Features of Myocardial Stunning Due to Sudden Emotional Stress. The New England Journal of Medicine 352: 539-548, 2005.

Young, M. P., Yamane, S.: Sparse population coding of faces in the inferotemporal cortex. Science 256: 1327-1331, 1992.

Ziegert, B., Neuss, A., Herpertz-Dahlmann, Kruse, W.: Psychische Auffälligkeiten von Kindern und Jugendlichen in der allgemeinärztlichen Praxis. Deutsches Ärzteblatt 99: A1436-A1441, 2002.